Apprenons franais ensemble !!

余談多めにフランス語
会話で学ぶフランス語文法

中村 美智子 著

【音声ダウンロードについて】

テキスト内の「♪」印がついた会話は、特設ホームページから無料で音声をダウンロードできます。
アプリダウンロードや登録は一切不要で、お使いの端末で視聴できます。
本書の最後のページに URL とパスワードが記載されていますので、
そこからアクセス、ダウンロードしてください。

こちらからサンプルをご試聴いただけます。
サンプルページ URL　https://frenchpalette-doc.wixsite.com/audio/simple

【音声ダウンロードページ 例】　　　【テキスト動画リスト(限定公開)例】

【音声動画のご利用方法】

このテキストの音声は YouTube 上の限定公開ページでご覧いただくことができます。

- 字幕付き動画なので、テキストを開かなくても文章と音声を同時に確認できる
- 電車の中、作業をしながらの復習など活用しやすい
- リスニング用のアプリ登録、インストールの手間を省くことができる
- 「お気に入りフォルダ」などにいれれば簡単にアクセス可能

などの便利な機能と共にお使いください。テキスト最終ページに記載された URL または
音声ダウンロードページからアクセスして下さい。

発音表記ルビについて

フランス語の発音に慣れるまでの補助として Leçon13 までルビがついています。
ＬとＲを区別するためにＬはラ行、Ｒは○ラ行で表記されています。
なお、ルビは正式なフランス語の発音ではなく、あくまで学習補助の一環です。
基本的には音声を聞いて発音を確認ながら進めてください。

【はじめに】

　本書は、フランス語を初めて学ぶ方を対象とした、会話と文法が一体化した学習書です。各課の会話は、その課でテーマとなる文法が反映された内容となっています。会話と文法を切り離さずに学習することで、実際の使われ方を具体的に理解することを目指します。

　本書は Chapitre 1 と Chapitre 2 で構成されています。Chapitre 1 では、現在形で表されるフランス語の習得を目指します。旅行などの短期滞在でも必要とされる最低限の範囲となります。

　Chapitre 2 では、Chapitre 1 で学んだことを踏まえてステップアップを目指します。現在形以外にも、過去形、未来形などの時制も登場します。旅行などの短期滞在だけでなく、留学や赴任など現地で長期の生活をするために最低限必要な知識のベースとなる部分です。

　フランス語圏の日常で実際に交わされているようなリアルな会話を盛り込みつつ、各課は「文法」「会話・表現」「語彙・文化・余談ミニ・エッセイ」で構成されています。

　解説では、リスとツバメという 2 つのキャラクターが短くコメントするというスタイルで、ポイントや注意点が簡潔にまとめられています。

　ご存じの通り、フランス語は複雑な構造をしています。名詞の性別とそれに準じた形容詞の性数一致、膨大な動詞活用規則、同じ言葉の繰り返しを避けるために用いられる様々な代名詞…。

　覚えることは多くありますが、千里の道も一歩から。
　根気よく、自分のペースで楽しみながら続けていきましょう。
　本書が皆さんのフランス語学習の一助となれば幸いです。

中村　美智子

目次

- アルファベ・アクサン記号　p 7
- つづり字の読み方・発音上の注意　p 8

Leçon 1：フランス語で挨拶をしよう　p 12
Bonjour. Vous allez bien ?
こんにちは。あなたはお元気ですか？
- ▶ 挨拶表現
- ▶ いろいろな挨拶会話

Leçon 2：主語人称代名詞・être　p 16
Je m'appelle Machiko. Et vous ?
私の名前はマチコです。あなたは？
- ▶ 主語人称代名詞
- ▶ 動詞 être
- ▶ 国籍を表す形容詞・職業名の性・数
- ▶ ポイント！：発音される語末子音の覚え方
- ▶ 強勢形
- ▶ 単語力アップ！：国籍の形容詞と職業の名詞
- ▶ Exercice 2
- ▶ 疑問形容詞 quel
- ▶ ミニ会話①：あなたの名前は何ですか？
- ▶ 数字 1-20
- ▶ すぐに使えるワンフレーズ：お礼とお詫び

Leçon 3：不定冠詞・定冠詞　p 26
Ce sont des pains aux raisins.
これらはレーズンパンです。
- ▶ 名詞と不定冠詞・定冠詞
- ▶ ポイント！：名詞の性別を見分ける接尾辞
- ▶ 中性指示代名詞 ce
- ▶ Exercice 3
- ▶ 使えるワンフレーズ：注文・会計のフレーズ
- ▶ ミニ会話②-1,2：カフェにて
- ▶ 単語力アップ！：カフェのメニュー
- ▶ 余談エッセイ：スタバネーム

Leçon 4：Avoir・疑問形・否定形　p 37
Non je n'ai pas de carte.
いいえ、私は名刺を持っていません。
- ▶ avoir の活用
- ▶ 表現力アップ！ avoir を用いた熟語表現
- ▶ 疑問形
- ▶ 否定形
- ▶ Exercice 4

Leçon 5：第一群規則動詞(er 動詞)　p 45
Je regarde un film japonais.
私は日本の映画を見ています。
- ▶ 第一群規則動詞（er 動詞）活用と用法-
- ▶ 特殊な語幹をもつ er 動詞
- ▶ 単語力アップ！：20 以降の数字
- ▶ ミニ会話③：小説は好きですか？
- ▶ 表現力アップ！：好き・嫌いの度合い
- ▶ Exercice 5
- ▶ 余談エッセイ：三角「い？」おにぎり

Leçon 6：所有形容詞　p 52
C'est son sac. Et ces lunettes aussi ?
これは彼女のカバンです。この眼鏡も？
- ▶ 所有形容詞
- ▶ 表現力アップ！：ne-pas 以外の否定表現
- ▶ Exercice 6

Leçon 7：形容詞　p 57
Vous avez une grande maison et un joli jardin !
あなたは大きな家と素敵な庭をお持ちですね。
- ▶ 形容詞：位置
- ▶ 性数一致,女性形・複数形, 男性第二形
- ▶ 単語力アップ！：家族・親族の語彙
- ▶ Exercice 7

Leçon 8：近接未来・近接過去　p 64
Je vais participer au cours de yoga.
私はヨガのコースに参加するつもりです。
- ▶ 動詞 aller、venir の活用
- ▶ 近接未来、近接過去の用法
- ▶ Exercice 8

Leçon 9：指示形容詞　p 68
Cette assiette, c'est combien ?
このお皿はいくらですか？
- ▶ 指示形容詞
- ▶ 定冠詞の縮約
- ▶ ir 動詞（第二群規則動詞）
- ▶ Exercice 9 1-4
- ▶ 単語力アップ！：頻度・暦にまつわる語彙
- ▶ Exercice 9 - 6
- ▶ ミニ会話④：頻繁に海へ行きますか？
- ▶ 余談エッセイ：蚤の市の呪い

Leçon 10：疑問形容詞・疑問副詞　p 76
Quand est-ce que tu vas au Japon ?
君はいつ日本に行くの？
- ▶ 疑問代名詞、疑問副詞
- ▶ ミニ会話⑤：数を問う
- ▶ 「単語力アップ！：位置を表す前置詞」
- ▶ Exercice 10-1
- ▶ ミニ会話⑥：トイレはどこ？ 1,2
- ▶ 様々な動詞
- ▶ Exercice 10-4
- ▶ 単語力アップ！：20 以降の数字
- ▶ 余談エッセイ：フレンチトイレマッスル

Pouvoir, Vouloir, Devoir の活用と用法　p 93

Leçon 11 : Pouvoir, Vouloir, Devoir 1-2　p 95
Vous devez aller à l'aéroport.
あなたは空港に行かなければならないのですね。

Je voudrais savoir si tu peux garder mes chats.
君が私の猫を預かってくれるか知りたいのだけど。

- ▶ ミニ会話
- ⑦：試着してもいいですか？
- ⑧：チーズをいかがですか？
- ⑨：写真をとってもらえますか？
- ▶ すぐに使えるワンフレーズ：買物
- ▶ Exercice 11-12

Leçon 13 : 非人称主語を伴う動詞　p 101
Il fait beau depuis le début du mois de juin.
6月初旬以来、良い天気ですね。

- ▶ 非人称構文 -時間 -天候 - falloir
- ▶ Exercice 13
- ▶ 単語力アップ！：食べ物、食材の語彙
- ▶ ミニ会話
- ⑩-1　何時ごろに終わりますか？
- ⑩-2　何時に閉まりますか？
- ⑪　日本に送るのに何日かかりますか？

Leçon 14 : 数量表現・部分冠詞・中性代名詞　p110
Est-ce qu'il y a encore de la farine chez nous ?
家にはまだ、いくらか小麦粉はあるの？

- ▶ 部分冠詞
- ▶ 数量の表現
- ▶ ポイント：部分冠詞の用法・不定冠詞との区別
- ▶ 単語力アップ！：食べ物 食材の語彙
- ▶ 中性代名詞 en、y
- ▶ Exercice 14

Leçon 15 : 命令形　p 119
Allez tout droit, prenez la première rue à gauche.
まっすぐ行って、最初の通りを左に曲がりなさい。

- ▶ 命令形の活用、用法
- ▶ Exercice 15
- ▶ 単語力アップ！：方向・道順の語彙
- ▶ Exercice 15-3

Leçon 16 : 補語人称代名詞　p 125
Je te présente Takashi.
君にタカシを紹介します。

- ▶ 補語人称代名詞
- ▶ 2つの目的語代名詞を用いる場合
- ▶ 表現力アップ！：会話で使われる補語人称代名詞
- ▶ Exercice 16

Leçon 17 : 代名動詞　p 130
Je me lève tôt, je me couche tard.
私は早くに起きて、遅くに寝ます。

- ▶ 代名動詞の活用、用法
- ▶ 代名動詞の疑問形、否定形、命令形
- ▶ Exercice 17
- ▶ 余談エッセイ：対等の関係性

Leçon 18 : 比較級・最上級　p 139
Vous avez quelque chose de plus clair ?
もう少し明るい色のものは何かありますか？

- ▶ 指示代名詞
- ▶ 比較級
- ▶ 最上級
- ▶ Exercice 18
- ▶ 単語力アップ！：色の語彙
- ▶ ミニ会話⑫：キャッシュレスの生活

Leçon 19 : 複合過去　p 150
Tu es sortie le week-end dernier ?
君は先週末外出したの？

- ▶ 複合とは？
- ▶ 複合過去の作り方
- ▶ 代名動詞の複合過去
- ▶ 複合過去の疑問形、否定形
- ▶ 過去分詞の作り方
- ▶ 複合過去の用法
- ▶ 単語力アップ！：過去を表す語彙
- ▶ Exercice19
- ▶ 余談エッセイ：和製フランス語フランポネ

Leçon 20 : 単純未来　p 161
Qu'est-ce que tu feras au Canada ?
君はカナダで何をするの？

- ▶ 単純未来形の活用、用法
- ▶ 単純未来と近接未来(leçon8)の違い
- ▶ Exercice 20
- ▶ 単語力アップ！：未来を表す語彙
- ▶ ミニ会話⑬：レストランでの予約

音声ダウンロード・テキスト動画のご案内
著者紹介

Chapitre1

Chapitre1 では、現在形で表されるフランス語の習得を目指します。例えば

- 自己紹介、挨拶、お礼、お詫びを伝える
- ちょっとした一言の感想を伝える
- 名詞の性数や形容詞の法則
- 簡単な数字のやり取り
- 「はい・いいえ」で答えられる質問とその答え方
- 「いつ、いくら、どこ、なに、等「はい・いいえ」以外で答える質問と 答え方

などです。旅行などの短期滞在でも最低限必要とされる範囲となります。

【登場キャラクター】

このテキストでは、2人のキャラクターのつぶやきとともに、レッスンが進んでいきます。

ディスリス君

フランス語習者が「ふと思ってしまうこと」フランス語の「ここが奇妙だ!」「これは面倒くさい!」「なんでこうなるの?!」を代弁しつつ、若干の不平不満(ディスリ)をコメントする「ディスるリス」。でも実は、心の中はフランス語への愛で一杯です。

つぶやきツバメ

ディスリス君の疑問やディスリに「落ち着いてつぶやき応じるツバメ」。彼もまた、心の中はフランス語への愛で一杯です。

【アルファベとアクサン記号】

♪1-1

A	B	C	D	E	F	G
ア	ベ	セ	デ	ウ	エフ	ジェ
	あっかんべーの「ベ」上下唇で発音する破裂音			「エ」と発音しないように我慢！	下唇を噛む摩擦音	「G」と「J」の発音が逆なので注意！

H	I	J	K	L	M	N
アッシュ	イ	ジ	カ	エル	エム	エヌ
実際の単語の中では発音されない	唇を横に引っ張って「イ」のイメージで発音	「G」と「J」の発音が逆なので注意！	外来語など稀にしか使われない			

O	P	Q	R	S	T	U
オ	ペ	キュ	エー⑦	エス	テ	ユ
	「ペッ！」と吐き出す感じの破裂音	キュとクの間のような音	口蓋垂(喉ひこ)を1回震わせるハ行に近い音			「ウ」の唇をして、口の中だけで「イ」というイメージ

V	W	X	Y	Z
ヴェ	ドゥブルヴェ	イクス	イグ⑤ック	ゼッドゥ
下唇を噛む摩擦音	V がダブルでドゥブル・ヴェ		「イ」+「グ⑤ック」グ⑤ックはギリシャ語の意	

※アクサンにはそれぞれ役割があります！

Accent	A	E	I	O	U	C	
accent aigu アクサン・テギュ つくのはeだけ		é					*eは「エ[e]」と発音 [e]:舌が上のほうにあり、口をやや狭くして〔エ〕
accent grave アクサン・グ⑤ーヴ 発音が変わるのはèだけ	à	è			ù		*eは「エ[ɛ]」と発音 [ɛ]:舌が下のほうにあり、口をやや開けて〔エ〕。 *a・uは発音変化なし
accent circonflexe アクサン・スィ⑦コンフレクス 昔のスペルにsがあった印	â	ê	î	ô	û		*eの発音はèと同じ[ɛ] *a・i・o・uは発音変化なし。
tréma ト⑤マ 連続母音を分割する役割	ä	ë	ï	ö	ü		*eにつくときは、発音はèと同じ[ɛ] *a・i・o・uは発音変化なし
cédille セディーユ つくのはcだけ						ç	C+「a, u, o」をサ行で発音する時に使う

合字

Œ, œ	oとeの合字。例：sœur（妹），bœuf（牛肉），œuf（卵）など
Æ, æ	aとeの合字。ラテン文字のひとつ。例：et cætera = et cetera （エトセトラ）など

【つづり字と発音】

フランス語のつづり字の読み方、規則は以下の通りです。

【母音】

a à â	ア [a]	ami, à, âge	u û	ユ [y]	utile, huître
é e	エ [e]	étoile, chez	ou où oû	ウ [u]	jour, où, août
è ê ei ai e	エ [ɛ]	crème, être Seine, lait, mer	eu œu	ウ [ø]	cheveu, œuf
i î y	イ [i]	idée, île, style	eu œu	ウ [œ]	heure, sœur
o ô	オ [o]	photo, hôtel	e	ウ [ə] 単語の最後のeは発音しません	je, fenêtre
au, eau	オ [ɔ]	auberge, eau	oi oy	オワ [wa]	moi, royal

【鼻母音】鼻腔に響かせて発音する母音。3種類(ã ɛ̃ ɔ̃)を区別しましょう。

[ã] アの口で鼻腔に響かせる アンの口の形でオンというイメージ			[ɔ̃] オの口で鼻腔に響かせる 口をとがらせて口内の奥でオンというイメージ		
an am	アン [ã]	an, jambon	on om	オン [ɔ̃]	bon, long
en em	アン [ã]	emballage ensemble	n m の後に母音字がある時には鼻母音になりません		animal [animal] image [imaʒ]
[ɛ̃] エまたはイの口で鼻腔に響かせる　エンの口の形でアンというイメージ					
in im	アン [ɛ̃]	incroyable impression	un um	アン [œ̃] [ɛ̃]	lundi, parfum
yn ym	アン [ɛ̃]	syndrome symbole	ien	イヤン [jɛ̃]	bien, rien
ain aim	アン [ɛ̃]	pain, faim	oin	ウワン [wɛ̃]	point, loin
ein eim	アン [ɛ̃]	rein, Reims			

【半母音】「i u ou+母音字」は一息に発音します。

i +母音字	[i]→[j]	piano [pjano]	où +母音字	[u]→[w]	oui [wi] jouir [ʒwiːr]
u +母音字	[y]→[ɥ]	lui [lɥi] fruit [frɥi]	母音字 +il (l)	～イユ [j]	travail [tʁavaj] soleil [sɔlɛj]

同じ子音が2つ続く場合（二重子音字）、原則として一音分しか発音しません。
例） a<u>ll</u>emand [almã], a<u>rr</u>iver [aʁive]

【子音】

h	発音しない tht トゥ [t] / rh⑦ [R]	méthode rythem	r	喉奥を震わせる⑦[ɛːr]	Paris rêve
s	・語頭の s はス[s] ・母音字に挟まれたsはズ [z] ・前後どちらかにしか母音字がない場合はス[s] ・ss は濁らずス[s]	Suisse rose séisme libéralisme passion	ti	・通常はティ [ti] ・-tion ではスィオン [sjɔ̃]	timide article station information
b	・通常はブ [b] ・c s t の前ではプ [p]	table abricot absent	x	・通常はクス [ks] ・ex+母音字はエグズ [egz]	extérieur taxi exemple

子音字2文字で一音の発音になる場合もあります。

ch	・2文字で通常シュ [ʃ] ・例外でク [k] の場合もあり	chanson chef technique	ph	2文字でフ [f]	pharmacie physique
qu	2文字でク [k]	question classique	gu	2文字でグ [g]	guitare, langue
gn	2文字でニュ [ɲ]	espagnol, champagne			

後に引き続く母音字によって発音が変わる子音字もあります。

ca cu co	カ [ka] キュ [kɥ] コ [ko]	caméra cuisine encore collage	ça çu ço	サ [sa] シュ [sy] ソ [sɔ] c+母音 a, u, o でも [s]で読ませたい場合	ça français reçu leçon
ci cy	スィ [si]	citron cycle	ce	ス [s] または セ [se] e の後に子音字が2つ続く場合	France ceci princesse
C+子音字 ク [k]		crayon clair			

ga gu go	ガ [ga] グ [g] **gue** はグ [g] **gui** はギ [gi] ゴ [go]	gare bague guitare vague gorge	gea geu geo	ジャ [ʒa] ジュ [ʒy] ジョ [ʒo]	changeable nuageux Georges
ge	ジュ [ʒ] また はジェ [ʒe]	fromage gestion manger	gi gy	ジ [ʒi]	girafe magique gymnase
g+子音字 グ [g]		grand glace			

語末の子音字は原則として発音しません。ただし c・r・f・l は語末でも発音されることが多いです。(careful と覚える) Leçon 3 参照

頭字語

フランス語圏では、もとの語の頭文字を並べたアルファベの略語「頭字語」が日常にあふれています。日本でも「JR (Japan Railway)」や「ATM (Automatic Teller Machine)」などがありますね。見聞きしたときに発音と意味が分かることが大切です。

▶**Exercice** 【アルファベ】以下の表示をアルファベで発音してみましょう。

(1) **TGV**
train à grande vitesse
高速列車

(2) **BNP**
Banque Nationale de Paris
パリ国立銀行

(3) **CDI**
contrat à durée indéterminée
無期限雇用

(4) **P.-D.G.**
président-directeur général
代表取締役社長

(5) **JO**
Jeux olympiques
オリンピック

(6) **OMS**
Organisation mondiale de la santé
世界保健機構

(7) **IRM**
Imagerie par résonance magnétique
MRI

(8) **CV**
curriculum vitae
履歴書

(9) **ADN**
acide désoxyribonucléique
遺伝子

(10) **TD**
travaux dirigés
大学の座学講義

(11) **SNCF**
société nationale des chemins de fer français
フランス国有鉄道

(12) **RER**
réseau express régional d'Île-de-France
イル=ド=フランス地域圏急行鉄道網

▶**Exercice** 【アルファベ】つづり字の規則に従って以下の単語を発音してみましょう。

croissant	eau de toilette	Palais royal
pot-au-feu	chef	chou à la crème
Yves Saint-Laurent	rendez-vous	concours
pain	baguette	campagne
café au lait	cognac	étoile

発音上の注意

【アンシェヌマン】

　言葉の最後の子音と次の単語の最初の母音や無音の"h"が結びついて、滑らかに続けて発音されることです。日本語では「天皇」が「てん+おう」、「銀杏」が「ぎん+あん」となるのが例です。英語の「an apple」のように、「an」と「apple」がつながって聞こえることと同じ原理です。

　　ア⑦　カン スィエル
　　arc-en-ciel（虹）　ア⑦ク ＋ アン ＋ スィエル → ア⑦カンスィエル
　　アン　　ナ ナ ナス
　　un ananas（パイナップル）アン ＋ アナナス → アナナナス

【リエゾン】

　本来発音されない単語の最後の子音が、次の単語の最初の母音や無音の"h"と結びき発音される場合を指します。ただし、発音されないものの普通の子音として扱われる「有音のh」で始まる単語には適用されません。

　　ドゥ　　　　　　　　　　　　　　　　ドゥ ズ ㊀
　　deux（本来発音されないx） → deux euros
　　ト ㊁　　　　　　　　　　　　　　　ト ㊁ ザンテ ㊁ッサン
　　très（本来発音されないs） → très intéressant !

リエゾンされない例

　　　　　　　　　　　　　　　　　　デ　ア ㊀ コ
　　des + haricots → des + haricots （本来発音されないsと有音のh）

一般的に、「有音のh」をもつ単語には、頭に † を付して目印とします。例: †hache、†haricot など

【エリズィヨン（母音字省略）】

　二つの単語が並んでいて、最初の単語が母音で終わり、次の単語が母音や無音の"h"で始まる場合に生じます。最初の単語の最後の母音が省略され、その代わりにアポストロフィーが入ります。ただし、「有音のh」で始まる単語が母音の前に来る場合は、この省略は起こりません。

　　ジュ トゥ エーム　ジュ テーム　　　　　　　　ル　アヴィヨン　ラヴィヨン
　　Je te aime → Je t'aime　　　　　　　le + avion → l'avion
　　ラ　エコール　レコール　　　　　　　　　　　ル　オテル　ロテル
　　la + école → l'école　　　　　　　　le + hôtel → l'hôtel
　　ル　エ ㊀　　　　ル エ ㊀
　　le + héros → le héros （母音時で終わる冠詞と有音のhが並ぶ場合）

フランス語ではこの原理が必須で、母音が二つ並んだら、片方は必ず「'」で消される、つまりエリズイヨンは「抹殺の証」！

物騒な説明だね

1. Bonjour. Vous allez bien ?

フランス語で挨拶をしよう
こんにちは。お元気ですか?

【挨拶】

Bonjour（ボンジュー）　こんにちは おはようございます
Bonsoir（ボンソワー）　こんばんは
Salut（サリュ）（tu の間のみ）　やあ

【Ça を使った挨拶】

Bonjour（ボンジュー）
Bonsoir（ボンソワー）
Salut（サリュ）

Comment ça va ?（コマン サヴァ）　調子はどうですか?
Ça va ?↗（サヴァ）　元気?

【丁寧な言い方　「あなたは(vous)」を使った挨拶】

Bonjour（ボンジュー）
Bonsoir（ボンソワー）

Comment allez-vous ?（コマン タレ ヴ）　調子はいかがですか?
Vous allez bien ?↗（ヴ ザレ ビヤン）　あなたは調子がよいですか?

【親しい言い方　「君は(Tu)」を使った挨拶】

Bonjour（ボンジュー）
Bonsoir（ボンソワー）
Salut（サリュ）

Comment vas-tu ?（コマン ヴァ テュ）　調子はどうだい?
Tu vas bien ?↗（テュ ヴァ ビヤン）　君は調子がいい?

Comment ça va ? / Ça va ? で聞かれたら → Ça va + 体調・状態

Vous / Tu で聞かれたら → Je vais + 体調・状態
で応えます。
(Je は「私は」を意味する主語代名詞)

動詞 aller の活用

Je vais	Vous allez
Tu vas	Ça va

→ すべて「aller（行く、調子が〜である、の意）」の活用変化です（leçon 8 参照）。主語によって原形が変化することを「活用」といいます。

【体調・状態を表す言葉】

Très bien	とてもよいです	
Bien	良いです	
Ça va	元気です	
Pas mal	悪くない（まあまあ）です	
Pas très bien	あまりよくないです	

相手に投げかけてみましょう。
① お礼 Merci !
② Et vous ?（そしてあなたは？）
③ Et toi ?（そして君は？）

【別れ際の挨拶】

Au revoir	さようなら	Salut (tu)の挨拶	じゃあね

【別れる時間、状況に応じて付け加えられる挨拶】

Bonne journée	よい1日を
Bonne soirée	よい夜を
Bonne nuit	おやすみなさい
Bon week-end	よい週末を
À bientôt	またね
À la prochaine	また次回に
À demain	また明日

相手へのお礼と、「あなたもね！」と返してみましょう。

Merci, vous aussi !
Merci, toi aussi !

同じ表現で応じましょう。
À la prochaine !
→ Oui. À la prochaine !

【いろいろなあいさつ会話】 ♪1-2

-Bonjour, comment allez-vous ?
-Je vais très bien. Merci. Et vous ?
-Je vais bien. Merci.

-Bonjour. Ça va ?
-Pas mal. Et toi ?
-Ça va bien.

-Salut, tu vas bien ?
-Ça va. Et toi ?
-Ça va bien.

SNSで交流してきた人同士が初めて対面で会う、という設定

-Bonsoir !
-Bonsoir, vous êtes Marianne ?
-Oui. Et vous êtes Thomas ?
-C'est moi. Ravi de faire votre connaissance.
-Merci, moi aussi.

-Au revoir. Bonne soirée !
-Merci, vous aussi !

-Bonne soirée à tous !
-Merci, bon week-end ! À lundi !

マンション1階の管理人のマダムと出勤する住人の朝の一コマ

-Bonjour, Madame Rivière. Comment ça va aujourd'hui ?
-Oh, ça va bien et vous ?
-Pas mal ! Allez, je dois y aller. Bonne journée !
-Bonne journée ! À la prochaine !

▶Exercice 1-1【挨拶】以下の会話をフランス語で話してみましょう。

hôtelier ：おはようございます、マダム。
　　　　　お元気ですか？ (1) _____

cliente ：はい、元気です。ありがとう。あなたは？ (2) _____

hôtelier ：とても元気です。ありがとう。
　　　　　よい一日を。 (3) _____

cliente ：ありがとう。よい一日を。 (4) _____

ami A ：やあ、調子はどうだい？ (5) _____

ami B ：調子いいよ。ありがとう。君は？ (6) _____

ami A ：わるくないよ。 (7) _____

ami B ：またあとでね。よい夜を。 (8) _____

ami A ：ありがとう。君もね。 (9) _____

hôtelier ：さようなら。またいつか会いましょう。
　　　　　よい一日を。 (10) _____

cliente ：ありがとう。よい一日を。 (11) _____

ami A ：じゃあね。明日ね。 (12) _____

ami B ：じゃあね。おやすみなさい。 (13) _____

解答--
【Exercice 1-1】解答例
(1) Bonjour, madame. Vous allez bien ? (2) Oui, je vais bien, merci. Et vous ? (3) Je vais très bien, merci. Bonne journée. (4) Merci. Bonne journée.
(5) Salut, comment vas-tu ? (6) Je vais bien, merci. Et toi ? (7) Pas mal. (8) À tout à l'heure. Bonne soirée. (9) Merci, toi aussi.
(10) Au revoir. À bientôt. Bonne journée. (11) Merci. Bonne journée. (12) Salut. À demain. (13) Salut. Bonne nuit.

2　主語人称代名詞・être 動詞
Je m'appelle Machiko. Et vous ?
私の名前はマチコです。あなたは？

♪ 1-3

Martin	Bonjour, **je m'appelle** Martin. Et vous ?
Machiko	Moi, **je m'appelle** Machiko. **Je suis japonaise. Je suis** de Tokyo.
Martin	Ah, **vous êtes** de Tokyo. Machiko, ça s'écrit comment ?
Machiko	M-A-C-H-I-K-O. Et vous, **vous êtes** d'où ?
Martin	Moi, **je suis** de Grenoble. **Vous êtes étudiante** ?
Machiko	Oui, **je suis étudiante.** Et vous ?
Martin	Moi, **je suis artiste. Enchanté**.
Machiko	**Enchantée.**

je m'appelle 〜	〜という名前である s'appeler (je の活用)	où	どこに・へ
japonais(e)	日本の、日本人の	étudiant(e)	学生、大学生
vous êtes	être の vous の活用	artiste	芸術家
de	〜から、〜の	je suis	être の je の活用
Ça s'écrit comment ?	それはどのように書きますか？	enchanté(e)	はじめまして

マルタン　こんにちは。私の名前はマルタンです。あなたは？
マチコ　　私の名前はマチコです。私は日本人です。私は東京から来ています。
マルタン　ああ、東京から来ているのですね。マチコはどのように書きますか？
マチコ　　M-A-C-H-I-K-O です。そしてあなたはどこから来ましたか？
マルタン　私はグルノーブルから来ました。あなたは学生ですか？
マチコ　　はい、私は学生です。あなたは？
マルタ　　私はアーティストです。はじめまして。
マチコ　　はじめまして。

【主語人称代名詞】

主語人称代名詞は8種類あります。

	単数		複数	
1人称	私は	je (ジュ)	私たちは	nous (ヌ)
2人称	君は あなたは	tu * (テュ) vous (ヴ)	君たち あなた方は	vous** (ヴ)
3人称	彼は	il (イル)	彼らは	ils (イル)
3人称	彼女は	elle (エル)	彼女たちは	elles (エル)

*　"tu"は家族や友人など、親しい関係の人と使われます。一方で、"vous"は初対面の人、面識のない人、あまり親しくない人、または丁寧に接すべき相手に使います。

**　そして、"tu"の複数形である「君たち」にも"vous"が使われます。これは、状況や話し手の感じ方によって、「君たち」に"tu"を使うのか、または"vous"を使うのか、が決まります。例えば、友人同士であれば「君たち」に"tu"を使うことが一般的ですが、フォーマルな状況や上司と部下の関係などでは、"vous"を使うことがより適切です。

【動詞 être】

フランス語の動詞は「活用」という方法で主語に合わせて変化をします。

フランス語の「être（エトゥル）」という動詞（つまり英語で言うところの「be動詞」）、これを活用してみましょう！

*il est, elle est はアンシェヌマンします。
**vous êtes はリエゾンします。

être (エトゥル)			
je (ジュ)	suis (スュイ)	nous (ヌ)	sommes (ソム)
tu (テュ)	es (エ)	vous (ヴ)	êtes ** (ゼットゥ)
il (イル)	est * (レ)	ils (イル)	sont (ソン)
elle (エル)	est (レ)	elles (エル)	sont (ソン)

早々に、活用がやたらと不規則に変化する動詞を覚えなければならないなんて！
学習者の心意気が試されているのかもしれない。

【国籍を表す形容詞・職業を表す名詞の性・数】

　フランス語では国籍や職業を表す単語に、それぞれに男性形と女性形があります。さらに単数形と複数形もあります。女性形、複数形、それぞれの作り方を見てみましょう。

女性形の作り方

　原則として男性形の語末に –e をつけると女性形になります(例外もあります)。それにより発音に変化が生じることがあります。

> たとえ世界が終ろうとも S は発音しないのよ。

複数形の作り方

　男性名詞、女性名詞の単数形に-s をつけると複数形になります(例外もあります)。女性形の発音の変化は常に発音されますが、複数形の s は発音されません。

　また、être の後に置かれる形容詞や職業を表す名詞は、主語の**性別や単数・複数**に応じて同じように変化しなければなりません。これを**性数一致**といいます。

<u>Il</u> est <u>français</u>.　　　　　　　　<u>Elle</u> est <u>française</u>.
イ レ フ(ㇻ)ンセ　　　　　　　　エ レ フ(ㇻ)ンセーズ
彼はフランス人(男性)です。　　　彼女はフランス人(女性)です。

<u>Il</u> est <u>étudiant</u>.　　　　　　　　<u>Elle</u> est <u>étudiante</u>.
イ レ テテュディアン　　　　　　エ レ テテュディアントゥ
彼は(男子)学生です。　　　　　彼女は(女子)学生です。

<u>Ils</u> sont <u>étudiants</u>.　　　　　　<u>Elles</u> sont <u>étudiantes</u>.
イル ソン テテュディアン　　　　エル ソン テテュディアントゥ
彼らは(男子)学生です。　　　　彼女たちは(女子)学生です。

<u>Il</u> est <u>pâtissier</u>.　　　　　　　<u>Elle</u> est <u>pâtissière</u>.
イ レ パティスィエ　　　　　　　エ レ パティスィエーㇽ
彼はパティシエです。　　　　　　彼女はパティシエです。

<u>Il</u> est <u>sommelier</u>.　　　　　　<u>Elle</u> est <u>sommelière</u>.
イ レ ソムリエ　　　　　　　　　エ レ ソムリエーㇽ
彼はソムリエです。　　　　　　　彼女はソムリエです。

> 複数のSを発音しないなら会話上で、単数か複数か、どう区別するの？

> 良いところに気付きましたね(褒めて伸ばす作戦)。そういうときは、**冠詞や動詞の活用の音の変化で聞き分ける**ことができますよ。
> * Il <u>est</u> cuisinier. イレ→単数
> * Ils <u>sont</u> cuisinier<u>s</u>. イル<u>ソン</u>→複数　などです。

Point☞ 【発音される子音の覚え方】

　語末が-c,-r,-f,-l,(覚え方は「<u>careful</u>：ケアフル」)で終わる場合、これらの子音字は基本的に発音されます。ただし、発音されない単語も多少ありますので、その都度確認しましょう。

| jour 日 | animal 動物 | positif 積極的な | sac バッグ | neuf 新しい |
| ジューㇽ | アニマル | ポジティフ | サック | ヌフ |

など

【強勢形】 ✿強める勢い、攻め気味の名称だね!

人称代名詞には「強勢形」という形の変化があり、これは特定の場合に使われます。

強勢形	je	tu	il	elle	nous	vous	ils	elles
	モワ moi	トワ toi	リュイ lui	エル elle	ヌ nous	ヴ vous	ウ eux	エル elles

【強勢形の用法】 3つの用法があります。

主語の強調	モワ ジュ マ ペル **Moi**, je m'appelle Emi. (私)、私の名前はエミよ。	エ ヴ ヴ ゼットゥ フ㋺ンセ Et **vous**, vous êtes français ? そして(あなた)、あなたはフランス人ですか?
êtreの後 (属詞)	アロー ジュリ セ トワ Allô Julie, c'est **toi** ? もしもし、ジュリ、君かい?	ウィ セ モワ Oui, c'est **moi**. ええ、私よ。
前置詞の後	ウ イル ソン アヴェック リュイ **Eux** ? ils sont avec **lui**. 彼ら? 彼らは彼と一緒にいるよ。	セットゥ ヴァリーズ エ タ エル Cette valise est à **elle**. このスーツケースは彼女のものです。

Je のさらにその前に «moi»
これは必ず使うの?
主張がはげしくない?

これは、相手の発言を「受けた、発した」という合図みたいなものです。
そして「**主語=主体**」の主張はフランス語において大切なことでもあります。

単語力アップ! ▶ 国籍の形容詞 と 職業の名詞 ▶

	男性形	女性形		男性形	女性形
フランス人の	フ㋺ンセ français	フ㋺ンセーズ française	イギリス人の	アングレ anglais	アングレーズ anglaise
スペイン人の	エスパニョール espagnol	エスパニョール espagnole	ベルギー人の	ベルジュ belge	ベルジュ belge
ドイツ人の	アルマン allemand	アルマンドゥ allemande	イタリア人の	イタリアン italien	イタリエンヌ italienne
アメリカ人の	アメ㋷カン américain	アメ㋷ケンヌ américaine	ロシア人の	㋷ュス russe	㋷ュス russe
中国人の	シノワ chinois	シノワーズ chinoise	韓国人の	コ㋺アン coréen	コ㋺エンヌ coréenne
販売員	ヴァンドゥー vendeux	ヴァンドゥーズ vendeuse	歌手	シャントゥー㋹ chanteur	シャントゥーズ chanteuse
俳優	アクトゥー㋹ acteur	アクトゥㇼス actrice	作家	エク㋷ヴァン écrivain	エク㋷ヴァンヌ écrivaine
料理人	キュイズィニエ cuisinier	キュイズィニエー㋹ cuisinière	公務員	フォンクスィオネー㋹ fonctionnaire	フォンクスィオネー㋹ fonctionnaire
先生	プ㋺フェッスー㋹ professeur	プ㋺フェッスー㋹ professeure	医者	メドゥサン médecin (男性女性不変)	
会社員	アンプロワイエ デュ ビュ㋺ー employé/(e) du bureau		専業主婦	ファム オ フォワイエ femme au foyer	

▶**Exercice 2-1**【vrai ou faux】会話の内容と同じ場合は vrai、違う場合は faux で答えましょう。

(1) Machiko est de Kyoto.

(2) Machiko est étudiante japonaise.

(3) Martin est française.

(4) Martin est fonctionnaire.

vrai	faux

▶**Exercices 2-2**【être の活用】 下記の問いに主語人称代名詞を用いて答えましょう。

(1) Haruki Murakami est américain ?   Non, _____

(2) Il est photographe ?   Non, _____

(3) Léonard de Vinci est français ?   Non, _____

(4) Il est musicien ?   Non, _____

(5) Catherine Deneuve est belge ?   Non, _____

(6) Elle est chanteuse ?   Non _____

(7) Beethoven est italien ?   Non, _____

(8) Il est cuisinier ?   Non, _____

(9) Hideo Noguchi est chinois ?   Non, _____

(10) Il est écrivain ?   Non, _____

(11) Vous êtes anglais(e) ?   Non _____

(12) Vous êtes médecin ?   Non, _____

解答---
【Exercices 2-1】 (1) faux (2) vrai (3) faux (4) faux

【Exercices 2-2】 (1) il est japonais. il est écrivain. (2) il est italien. il est artiste. (3) elle est française. elle est actrice. (4) il est allemand. il est musicien. (5) il est japonais. il est médecin. (6) 例 je suis japonais(e) Je suis employé(e) du bureau. 等

すぐに使えるワンフレーズ
【お礼とお詫びの表現】
remercier et s'excuser

メ㋡スィ
Merci.
メ㋡スィ　セ　ジャンティ
Merci, c'est gentil.
メ㋡スィ　ボクー
Merci beaucoup.
ジュ　ヴ　㋡メ㋡スィ
Je vous remercie.

ありがとう。
ありがとう、ご親切に。
どうもありがとう。
感謝します。

ドゥ㋛ャン
De rien.
ス　ネ　㋛ャン
Ce n'est rien.
ジュ　ヴ　ザンプ㋛
Je vous en pris.

何でもないです。
何でもありません。
どういたしまして。

パ㋡ドン
Pardon.
エクスキュゼ　モワ
Excusez-moi.
エクスキュズ　モワ
Excuse-moi.
ジュスィ デゾレ
Je suis désolé(e).
ジュスィ ヴ㋱ マンデゾレ
Je suis vraiment désolé(e).

失礼。
すみません。(vousを使う相手に)
すまないね。(tuを使う相手に)
申し訳ありません。
本当に申し訳ありません。

ス　ネ　パ　グ㋡ーヴ
Ce n'est pas grave.
ス　ネ　㋛ャン
Ce n'est rien.

大したことではありません。
何でもありません。

【疑問形容詞 quel】 ✻安心してください！ 同じ発音です！

「quel」とは「何の〇〇、どの〇〇」を意味する疑問形容詞です。形容する名詞の性数に合わせて、つづり字が下記のように変化します。

What time is it ? What is your name ? 何時ですか？ 名前は何？など、英語、日本語では「何」を示す場合でも、フランス語では「どれ」にあたる「quel」を用います。

男性単数	女性単数	男性複数	女性複数
ケル	ケル	ケル	ケル
quel	**quelle**	**quels**	**quelles**

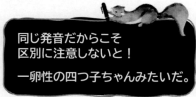

同じ発音だからこそ
区別に注意しないと！
一卵性の四つ子ちゃんみたいだ。

これは、レパートリーの全体が想定されるものについて、「それらの全選択肢うちのどれか」を問うニュアンスである、と捉えておきましょう。

フランス語における quel (which に該当) と que (what に該当)の使い分けは英語と異なりますので注意が必要です。下記を比べてみましょう。

| **Quel** est votre nom ? | ＝ あなたの名まえは何ですか？（意訳） |
| あなたの名まえは<u>どれ</u>ですか？（直訳） | <u>What</u> is your name ? |

| **Quelle** heure est-il ? | ＝ 今何時ですか？（意訳） |
| 今<u>どの</u>時間ですか？（直訳） | <u>What</u> time is this ? |

フランス語では、意味は「何」であっても、**選択肢の全体が想定され、そのうちの「どれか」**と問う場合は quel を用います。

名前→聖書の名まえのうちの<u>どれ</u>？	**Quel** est ton nom ?
時間→24時間のうちの<u>どれ</u>？	**Quelle** heure est-il ?
天気→天候の変化のうちの<u>どれ</u>？	**Quel** temps fait-il ?
国籍→世界の国々の中の<u>どれ</u>？	**Quelle** est ta nationalité

quel / quelle / quels / quelles、それぞれに性数が発生するのは、前提となるレパートリーの名詞の性別がすでに判明しているからです。

それに対して「que =what」は、その名詞の性・数も含めて全く未知ないものに使います。quel のように前提となるレパートリーはなく、性・数ごとの変化もありません。そのため、単数複数ともに Qu'est-ce que c'est ?を用います。

| **Qu'est-ce que c'est ?** | C'est <u>un</u> gâteau japonais. |
| これは<u>何</u>ですか？ | これは<u>一個の</u>日本のお菓子です。 |

| **Qu'est-ce que c'est ?** | Ce sont <u>mes</u> souvenirs du Japon. |
| これ(ら)は<u>何</u>ですか？ | これらは<u>私の複数の</u>日本のお土産です。 |

ミニ会話 ① Quel est votre nom ? ❦ あなたの名前は何ですか? ♪1-4

La réceptionniste	Quel est votre nom de famille ?
M.Hirokawa	Hirokawa. H -I- R -O-K-A- W -A.
La réceptionniste	Quel est votre prénom ?
M.Hirokawa	Yasushi. Y -A-S-U-S-H -I.
La réceptionniste	Quelle est votre nationalité ?
M.Hirokawa	Je suis japonais.
La réceptionniste	Quelle est votre profession ?
M.Hirokawa	Je suis cuisinier.
La réceptionniste	Quel est votre numéro de téléphone ?
M.Hirokawa	C'est le 0 8 -0 9-15-13- 0 7
La réceptionniste	Quelle est votre adresse e-mail ?
M.Hirokawa	C'est Yasushi h @ orange . com.
La réceptionniste	Je vous remercie, Monsieur Hirokawa.

réceptionniste	受付	nationalité (f)	国籍
votre	あなたの	numéro (m)	番号
nom (m) de famille (f)	名字	@arobase / arrobase(f)	アットマーク
prénom (m)	名前	point (m)	ドット、点

受 付	あなたの名字は何ですか？		広川氏	私は料理人です。
広川氏	広川、H-I-R-O-K-A-W-A です。		受 付	あなたの電話番号は何ですか？
受 付	あなたの下の名前は何ですか？		広川氏	08-09-15-13-07 です。
広川氏	靖、Y-A-S-U-S-H-I です。		受 付	あなたのメールアドレスは何ですか？
受 付	あなたの国籍はどこですか？		広川氏	Yasushi h アットマーク、オランジュドット・コムです。
広川氏	私は日本人です。		受 付	広川様、ありがとうございます。
受 付	あなたの職業は何ですか？			

単語力アップ！ ▶ 数字 1–20 まで　単位とのリエゾン・アンシェヌマン ♪1-5 ▶

1	un/une	un an	une heure	un euro
2	deux	deux ans	deux heures	deux euros
3	trois	trois ans	trois heures	trois euros
4	quatre	quatre ans	quatre heures	quatre euros
5	cinq **	cinq ans	cinq heures	cinq euros
6	six **	six ans	six heures	six euros
7	sept	sept ans	sept heures	sept euros
8	huit **	huit ans	huit heures	huit euros
9	neuf *	neuf ans	neuf heures	neuf euros
10	dix	dix ans	dix heures	dix euros
11	onze	onze ans	onze heures	onze euros
12	douze	douze ans	douze heures	douze euros
13	treize	treize ans	treize heures	treize euros
14	quatorze	quatorze ans	quatorze heures	quatorze euros
15	quinze	quinze ans	quinze heures	quinze euros
16	seize	seize ans	seize heures	seize euros
17	dix-sept	dix-sept ans	dix-sept heures	dix-sept euros
18	dix-huit	dix-huit ans	dix-huit heures	dix-huit euros
19	dix-neuf	dix-neuf ans	dix-neuf heures	dix-neuf euros
20	vingt	vingt ans	vingt heures	vingt euros

* 単語の最後の子音字が f で終わる場合、f とのリエゾンは V の音に変化します。

** 数字の後にくる名詞が子音や有音の h で始まる場合、six（6）、huit（8）、dix（10）の語尾の子音は発音されません。cinq（5）の語尾も発音されない場合もあります。ただ実際のところ、cinq は、cent（100）との違いを明確にするために、子音や有音の h の前でも、任意で q を発音することも多いです。

six livres	**dix** voitures	**huit** jours	**cinq** kilos de tomates

▶**Exercice 2-3**【疑問形容詞】適切な疑問形容詞を入れ、問いを完成させましょう。

(1) _____ est la spécialité (f) de ce restaurant ?

(2) _____ est votre métier (m) ?

(3) _____ sont vos écrivains (m, pl) préférés ?

(4) _____ sont vos fleurs (f, pl) préférées ?

▶**Exercice 2-4**【数字】次の電話番号を声に出して発音してみましょう。

① C'est le 06-14-15-08-12   ② C'est le 01-07-16-11-19

③ C'est le 04-03-05-17-18   ④ C'e st le 06-13-18-11-09

▶**Exercice 2-5**【数字】下記の語彙を選び空欄に記入しましょう。

> trois / seize / quatorze / sept / dix / enfants
> /ans / heures / euros / février

(1) Justine a _____   ジュスティーヌには3人子供がいます。

(2) Michelle a _____   ミシェルは7歳です。

(3) Ça fait _____   10ユーロです。

(4) C'est le _____   2月14日です。

(5) Il vient à _____   彼は16時に来ます。

解答-----------------------------------
【Exercice2-3】(1) Quelle (2) Quel (3) Quels (4) Quelles
【Exercice2-5】(1) trois enfants (2) sept ans (3) dix euros (4) quatorze février (5) seize heures

3 不定冠詞・定冠詞
Ce sont des pains aux raisins.
これらはレーズンパンです。

♪1-6

Tomoko	**Qu'est-ce que c'est ?**
David	**Ce sont des pains aux raisins.**
Tomoko	C'est vrai ? Ils ne sont pas comme ça au Japon. Et ça, **qu'est-ce que c'est ?**
David	**Ce sont des brioches. C'est très bon.** Et ça, **ce sont des tartes.** Tu aimes **les tartes aux fruits** ?
Tomoko	Oui ! S'il vous plaît madame, je voudrais un pain aux raisins et une brioche.
L'employée	Avec ceci ?
Tomoko	Et deux tartes aux fraises aussi. C'est tout.

qu'est-ce que c'est ?	これは何ですか？	tu aimes	aimer：好きだ（tu の活用）
pain (m) aux raisins (m)	レーズンパン	les	それらの〜 定冠詞複数形
au Japon	日本で、日本に	je voudrais	vouloir の条件法現在 〜を頂きたいのですが
vrai(e)	本当の	avec ceci	他には？
comme ça	このような、に	aussi	〜も、同様に
ça	それ、あれ	fraise (f)	イチゴ
très	とても	C'est tout	それで全部です
bon(ne)	よい、おいしい		

トモコ	これは何？	
ダヴィッド	これはレーズンパンだよ。	
トモコ	本当？ 日本ではレーズンパンはこんな風ではないわ。それから、あれは何？	
ダヴィッド	これはブリオッシュ。とてもおいしいよ。そして、これらはタルトだよ。君はフルーツタルトは好きかい？	
トモコ	ええ！ すみませんマダム、レーズンパンを1つとブリオッシュを1つ、お願いします。	
店員	他には？	
トモコ	2つストロベリータルトも下さい。以上です。	

【名詞の性別と不定冠詞・定冠詞】

フランス語の名詞は、男性か女性のどちらかの性を持っています。たとえば、生物的な性別がある名詞（父、母など）はその性別に従います。そして、無生物の名詞でも、文法上の性別を持っています。

そして名詞の前には、通常何らかの冠詞が置かれます。冠詞の種類によって、文脈上の名詞の意味や性質が明確になります。そして、冠詞は名詞の性別や数によって変化します。

【不定冠詞】（英語のaに相当）

「あるひとつの」「あるいくつかの」のように、まだ限定されず文脈の中に初めて登場する名詞につく冠詞です。名詞の性数に応じて、用いられる不定冠詞が異なります。

男性単数	女性単数	複数
アン	ユヌ	デ
un	**une**	**des**

アン スティロ	デ スティロ	ユヌ ヴォワテュー	デ ヴォワテュー
un stylo	**des** stylos	**une** voiture	**des** voitures
1本のペン	何本かのペン	1台の車	何台かの車

【定冠詞】（英語の the に相当）

「その〜」「あの例の〜」のように、すでに文脈上に登場した名詞、具体的に把握されている限定された名詞につく冠詞です。名詞の性数により、用いられる定冠詞が異なります。

男性単数	女性単数	複数
ル **le (l')** *	ラ **la (l')** *	レ **les**

*次にくる名詞が母音で始まるとエリズィヨンし、le, la が l' になります。

ル アヴィヨン　　ラヴィヨン
~~le avion~~ → l'avion　飛行機

ラ アド⊖ス　　ラド⊖ス
~~la adresse~~ → l'adresse　住所

ル　リーヴ⑦　ドゥ ジャン
le livre de Jean
ジャンの（1冊の）本

レ　リーヴ⑦　ドゥ ジャン
les livre**s** de Jean
ジャンの（何冊かの）本

ラ　ジュップ　デ マ
la jupe d'Émma
エマの（1枚の）スカート

レ　ジュップ　デ マ
les jupe**s** d'Émma
エマの（数枚の）スカート

定冠詞は「〜というもの」を意味する総称を表す際にも用いられます。

ジェーム ラ ナテュー⑦
J'aime **la** nature.
私は自然が好きです。　　　　　　　　（数えられない名詞は単数）

ジェーム ル ジャ⑦ディナージュ
J'aime **le** jardinage.
私はガーデニングが好きです。　　　　（行為の名詞は単数）

ジェーム レ フルー⑦
J'aime **les** fleurs.
私は花が好きです。　　　　　　　　　（数えられる名詞は複数）

動物の好き嫌いを表すとき、定冠詞が単数形か複数形かによって、その動物を食材として、または愛好の対象として好きなのか、意味が変わります。用法には注意しましょう。

ジェーム ル ポワソン
J'aime **le poisson**.
（食べ物としての）魚が好きです。

ジェーム レ ポワソン
J'aime **les poissons**.
（生き物としての）魚が好きです。

ジェーム ル ラパン
J'aime **le lapin**.
（食べ物としての）うさぎ（肉）が好きです。

ジェーム レ ラパン
J'aime **les lapins**.
（生き物としての）うさぎが好きです。

Point👁 名詞の性別を見分ける【接尾辞】　✽ ただし、例外も多いのでご注意を！

単語の前に付く「接頭辞」と、後ろに付く「接尾辞」は、単語に特定の意味を加えたり、品詞を変えたりする役割を果たします。接尾辞の特徴からは、単語の性をある程度推測することができます。以下に例を挙げてみましょう。

名詞の性別を全てゼロから暗記しようとすると、かなりの確率でメンタルをやられる恐れがあります！

【男性名詞に特徴的な接尾辞】

接尾辞	例	例外
-age 行為、行為の結果・集合	マ⑪アージュ フ⑪マージュ mariage (結婚) / fromage (チーズ)	イマージュ image (f) (画像) プラージュ plage (f) (海岸)
-ment 行為の結果、行為自体	ペイマン ムヴマン paiement (支払い) / mouvement (動き)	
-eau	ガト シャト gâteau (お菓子、ケーキ)　château (城)	オ ポ eau(f)(水)　peau(f)(皮膚)
-isme ～主義 sは濁らず「イスム」	トゥー⑪スム エゴイスム tourisme (観光) / égoïsme (利己主義)	
-ard dは発音しない	ブールヴァー⑦ ⑦ター⑦ boulbard (環状道路) / retard (遅刻)	
-b 主に外来語	ジョブ クルブ job (アルバイト) / club (クラブ)	
外来語（の多く）	ス シ ウィー ケンドゥ sushi (寿司) / week-end (週末)	tempura(f) (天ぷら)など

【女性名詞に特徴的な接尾辞】

接尾辞	例	例外
-ion tion / -ation / -sion / -xion	スタスィオン アタンスィオン station (地下鉄の駅) / attention (注意)	
-té 英語の「-ty」と類似	アクティヴィテ ピュブリシテ activité (活動) / publicité (広告)	
-ance, -ence	エクスペ⑪アンス ディフェ⑪ンス expérience (経験) / différence (違い)	シランス silence (m) (沈黙) など
-ade	サラッドゥ プ⑪ムナードゥ salade (サラダ) / promenade (散歩道)	ギャ⑦ドゥ grade (m) (階級) など
arde	ムター⑦ドゥ アヴァン ギャ⑦ドゥ moutarde (マスタード) / avant-garde (前衛)	ギャ⑦ドゥ garde(m) (番人) など
-tude	アティテュードゥ エテュードゥ attitude (態度) / étude (勉強)	
-logie ～学	スィコロジ ビオロジ psychologie (心理学) / biologie (生物学)	
-graphie	カリグ⑪フィ ビオグ⑦⑪ィ calligraphie (書道) / biographie (自伝)	

接尾辞を覚えて効果的に学習しよう。<u>メンタル大事。</u>

まぎらわしい！
男性の身体に特徴的な「ひげ」は「barbe, moustache」。でも女性名詞。
な・の・に！
女性の身体に特徴的な「乳房」は「sein」で男性名詞。なんで？

文法的な性別は、必ずしも、生物学的な「男・女」「オス・メス」に関連しているわけではありませんからね。
ひとまず一旦受け入れてみる の姿勢で臨みましょう！
ちなみに、日本語の「男言葉、女言葉」のような、話し手の性別で変わるものとは違いますよ。

【中性指示代名詞】 ✿ être とは離れられない運命の代名詞

「ce」は、「être」と一緒に使われ、「これは」「あれは」「それは」または「これらは」「あれらは」といった意味を表します。

フランス語では、「ce」は単数でも複数でも使われます。そのため、単数か複数かは「être」の活用形で区別されます。日本語のように「これは」「それは」「あれは」という区別はなく、いずれも「ce」が主語として使われます。

単数形	複数形
c'est + 単数名詞 （est の前で ce は c' になる）	ce sont + 複数名詞

セッ タン サック
C'est un sac.
それは（1つの）バッグです。

ス ソン デ サック
Ce sont des sacs.
それらは（何個かの）バッグです。

セ ラ ローブ ドゥ ソフィ
C'est la robe de Sophie.
それはソフィの（1着の）ワンピースです。

ス ソン レ ローブ ドゥ ソフィ
Ce sont les robes de Sophie.
それらはソフィの（何着かの）ワンピースです。

▶Exercice 3-1 【vrai ou faux】会話の内容と同じ場合は vrai、違う場合は faux で答えましょう。

(1) Tomoko et David sont dans un restaurant.
(2) Les brioches sont très bons.
(3) Tomoko aime les tartes au chocolat.
(4) Tomoko prend un sandwich.

vrai	faux

▶Exercice 3-2 【単数形・複数形】下記の文章を複数形に書き直しましょう。

(1) C'est un film français.
⇒ _____

(2) C'est la photo de Pierre.
⇒ _____

(3) C'est un enfant.
⇒ _____

(4) C'est l'information en anglais.
⇒ _____

(5) C'est la clé de mon appartement.
⇒ _____

▶Exercice 3-3 【定冠詞】 適切な定冠詞を入れましょう。

(1) __ Japon   (2) _'Allemagne   (3) __ France   (4) _'Italie
(5) _'Angleterre (6) __ Portugal   (7) _'Espagne   (8) __ Belgique
(9) __ Chine   (10) __ Corée   (11) __ États-Unis (12) __ Russie

▶Exercice 3-4 【定冠詞・不定冠詞】 適切な不定冠詞/定冠詞を入れましょう。

(1) Il y a _____ voiture. C'est à qui ? - C'est __ voiture de Gaspard.
(2) Ce sont ____ fleurs de cerisier. - J'adore ____ fleurs de cerisier.
(3) __ France est __ pays européen. - __ Japon est __ pays d'Asie.
(4) Vous aimez __ poisson ? (魚肉) - Non, mais j'aime __ poissons. (生物)
(5) C'est __ chat. - Vous aimez __ chats ?
(6) Voici ____ lunettes. - Ce sont ____ lunettes de Julien.

解答--
【Exercice3-1】 (1) faux (2) vrai (3) faux (4) faux
【Exercice3-2】 (1) Ce sont des films français. (2) Ce sont les photos de Pierre. (3) Ce sont des enfants.
(4) Ce sont les informations en anglais. (5) Ce sont les clés de mon appartement.
【Exercice 3-3】 (1) le Japon (2) l'Allemagne (3) la France (4) l'Italie (5) l'Angleterre (6) le Portugal
(7) l'Espagnol (8) la Belgique (9) la Chine (10) la Corée (11) les États-Unis (12) la Russie
【Exercice3-4】 (1) une, la (2) des, les (3) La, un , Le, un (4) le, les (5) un, les (6) des, les

▶**Exercice 3-5**【名詞の性別】男性名詞に **le** または **l'**, 女性名詞に **la** または **l'**,を、それぞれ記入しましょう。

(1) ( ) réservation　　(2) ( ) maquillage　　(3) ( ) géographie

(4) ( ) écologie　　(5) ( ) bateau　　(6) ( ) tablette

(7) ( ) image　　(8) ( ) changement　　(9) ( ) bâtard

(10) ( ) beauté　　(11) ( ) activité　　(12) ( ) information

すぐに使えるワンフレーズ　【注文のフレーズ】

▶ Un café, **s'il vous plaît**.
コーヒーをください。

▶ **Je voudrais** un jus d'orange, **s'il vous plaît**.
オレンジジュースを頂きたいのですが。

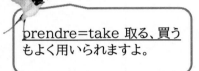

prendre=take 取る、買う
もよく用いられますよ。

▶ **Je prends** une infusion, s'il vous plaît.
ハーブティーを頂きます。

▶ **Je vais prendre** un demi, s'il vous plaît.
ハーフサイズのビールを頂くことにします。

▶ **L'addition**, s'il vous plaît.
お会計お願いします。

l'addition は飲食店での用語で、他の場所では使いません。買い物一般では下記のように「これ（ら）を買います」と伝えてみましょう。

▶ Je **le** prends.
▶ Je **la** prends.
▶ Je **les** prends.

le, la, les は
購入したい商品を
代名詞で表しています。

名詞が分からないときは、商品を手に持ったり指し示したりしながら

▶ **Je prends ça.** 「それ（ら）=ça を買います」でも代用できます。

支払方法を指定したいときは、次のように伝えてみましょう。

▶ Je voudrais payer **par carte**.　　▶ Je voudrais payer **en espèce**.
カードで支払いたいのですが。　　　　現金で支払いたいのですが。

解答------------------------------------
【Exercice3-4】(1) la (2) le (3) la (4) l' (5) le (6) la (7) l' (8) le (9) le (10) la (11) l' (12) l'

ミニ会話 ②-1　　Dans un café 1　　✱カフェオレを頂きたいのですが。♪1-7

Le serveur	Bonjour, madame.
La cliente	Bonjour, je voudrais un café crème, s'il vous plaît.
Le serveur	Un café crème. Je l'amène tout de suite.
	Voilà, madame. Trois euros s'il vous plaît.
La cliente	Tenez.
Le serveur	Merci.

serveur (se)	ウェイター、ウェイトレス	voilà	はいどうぞ！ほら！
je l'amène	それを持ってきます	tenez	受け取ってください
tout de suite	すぐに		（tenir の vous の活用）

ウェイター	こんにちは、マダム。
お客	こんにちは、カフェオレを頂きたいのですが。
ウェイター	カフェオレですね。すぐにお持ちします。
	はい、こちらです。3ユーロになります。
お客	どうぞ。
ウェイター	ありがとうございます。

ミニ会話 ②-2　　Dans un café 2　　✱お飲み物は？　♪1-8

La cliente	Bonjour, monsieur.
Le serveur	Bonjour, madame, vous désirez ?
La cliente	Je vais prendre un sandwich jambon crudités s'il vous plaît.
Le serveur	Et comme boisson ?
La cliente	Qu'est-ce que c'est un « Diabolo menthe » ?
Le serveur	C'est un sirop de menthe mélangé avec de la limonade.
	C'est très frais.
La cliente	Alors, je prends ça s'il vous plaît.

vous désirez	いらっしゃいませ	menthe (f)	ミント
vais	〜するつもりだ（aller の je の活用）	sirop (m)	シロップ
prendre	注文する、取る	mélangé(e)	混ぜた
crudité (f)	生野菜	avec	〜と一緒に、〜で
comme	〜として	frais/fraîche	冷たい、新鮮な
boisson (f)	飲み物	alors	それでは

お客　　　　　こんにちは。
ウェイター　　こんにちは。いらっしゃいませ。
お客　　　　　ハム野菜サンドを頂こうと思います。
ウェイター　　お飲み物は？
お客　　　　　"ディアボロ・マント"とは何ですか？
ウェイター　　レモネードを注いだミントシロップです。とてもフレッシュです。
お客　　　　　では、それにします。

単語力アップ！ ▶ la carte du café　カフェ の メニュー ▶

水 eau
- eau (f) minérale　ミネラル・ウォーター
- une carafe d'eau　無料の水
- eau gazeuse　炭酸水
- eau plate　非炭酸水

飲み物 boisson
- café (m)　コーヒー
- thé (m)　紅茶
- café allongé (m)　アメリカンコーヒー
- café crème (m)　カフェオレ
- infusion (f)　ハーブティ
- jus de fruits (m)　フルーツジュース

お酒 alcool
- vin (m)　ワイン
- vin sec　辛口ワイン
- vin doux　甘口ワイン
- champagne (m)　シャンパン
- bière (f)　ビール
- un demi (m)　小ジョッキのビール

軽食 repas leger
- sandwich (m) jambon (m)　ハムサンド
- omelette (f)　オムレツ
- croque-monsieur (m)　クロック・ムッシュー
- plat (m) de jour (m)　日替わり料理
- salade (f)　サラダ
- gratin (m)　グラタン

デザート dessert
- crème brûlée (f)　クレーム・ブリュレ
- tarte (f)　タルト
- glace (f)　アイスクリーム
- sorbet (m)　シャーベット

【余談】　ミニ・エッセイ "スタバネーム"

この世界では、1人の人間がいくつもの名前を持っていることがあります。

● 本名	nom de personne	● 洗礼名	nom de baptême
● ミドルネーム	second prénom	● ペンネーム	nom en littérature
● ニックネーム	surnom		

などなど。私の名前にも数年前に新しいラインナップが加わりました。それは≪Michelle（ミッシェル）≫。これは私の「スタバネーム」です。海外のスターバックスでは、しばしばファーストネームを聞かれます。パリもしかり。数年来、パリに行くたびにスターバックスが増殖し都内と似たような風景になっていくのを複雑な気持ちで眺めていますが、やはり何かと便利なので利用しています。ですが残念なことに「アジア系名前あるある」で、名前を聞き取ってもらえない、または間違ったスペルで書かれてしまう、という事態がしばしば発生します。何度も店員に聞き返される煩わしさから解放されるためのアイテムが「スタバネーム」。店員が分かるような名前を自分で決め、注文時に名乗るのです。

　私の場合、Michiko が Mitikko や Mitsuko になることは多々あり、この程度なら許容範囲内ですが、一度は Chibo と聞き取られ、大声で呼ばれて全く気付かなかったことがありました。自分の分と友人の分を一緒に会計をし、ドリンクを待っていたら「Chibo 1(チボアーン)〜！Chibo 2 (チボドゥー)〜！」とチボが2回も店内に響き渡り、仕方ないので「チボ」となって取りに行きました。それ以来面倒くさくなり≪Michelle≫と名乗ることにしています。他の日本人の知り合いの話では、千晶はジャッキー、友里はジュリ、小百合はサリー、と、まあ色々と変化しています。中国人、韓国人の名前表記は日本人の名前よりもさらに複雑になります。

　例えば

- 韓国女優の名前「Son Ye-jin（ソン・イェジン）」は "Y・E, trait d'union, J・I・N" となります。ハイフン trait d'union が入ると、それも含めて伝えるのが大変です。
- 女優、政治家の山口淑子の中国での芸名「李香蘭 Li Xianglan（中国語発音ではリ・シャンラン）」もフランス語読みすると"グズィアングラン"、となり、うまく発音してもらえない可能性が高いです。というわけで、自分でつけた英語・フランス語名、または洗礼名を名乗る人や現地名を持つ人も増えていると聞きます。

　ただ一方で、アジア系の人が現地名を名乗ることに抵抗を感じる人も一定数存在するのも確かです。理由としては

- 名前は大切なアイデンティティであるから
- グローバルな世界ではアジア系の名前も覚えるべきだから
- 欧米に媚びているような気がするから　　　　　　　　　　　　　　　　　　　などです。

名前に誇りを持てるのは素晴らしいことだと思います。特に漢字圏の名前には音だけでなく漢字の意味も含まれているため、余計にこだわりが強くなるのもうなずけます。他方で、名前本来の機能「個の識別」を重視したい人もいます。どちらに価値を置くかは、個々の判断次第でしょう。私は、おそらく今後会うこともないであろう人から、単に商品やサービスを渡すために私を呼ぶ際に、それが私であると分かれば記号で呼ばれても構いません。もちろん、人間関係を構築する人にはMichikoと呼んでもらいたいので、そこは区別していますが。

　こうしたことも、いずれ変化していくでしょう。「フランス人」といっても「○○系フランス人」が増え、そこに生きる人々の多様化が加速しているからです。アジア系、アフリカ系、イスラム系、など非フランス系の名もかなり浸透していますから、Michikoで通じる日がくるかもしれません。その日までは仮の名≪Michelle»を楽しんでおくことにしましょう。

4. Non je n'ai pas de carte.

動詞 Avoir・否定形・疑問形

いいえ、私は名刺を持っていません。

♪1-9

M. Dubois	**Est-ce que vous avez une carte de visite,** Madame Tanaka ?
Mme Tanaka	Non **je n'ai pas de carte**. Mais **j'ai une adresse e-mail** : tanaka07@google.com. Mon numéro de portable est le 06-12-03-14-08.
M. Dubois	Je note…, pardon, pouvez-vous répéter moins vite s'il vous plaît ?
Mme Tanaka	Bien sûr. tanaka07@google.com et le 06-12-03-14-08. **Avez-vous une carte de visite,** Monsieur Dubois ?
M. Dubois	Tenez, c'est ma carte. **Si vous avez besoin d'aide,** n'hésitez pas à me contacter.

est-ce que	疑問形に用いる語	pouvez-vous + 不定詞	～してもらえますか？ Pouvoir ～できる（vous の活用）
vous avez	avoir：持つ（vous の活用）	répéter	繰り返す
carte (f)	カード	moins vite	よりゆっくり (より速くなく)
mon/ma	私の	bien sûr	もちろん
adresse (f)	住所	avoir besoin de +名詞、動詞	～が必要である
numéro (m)	番号	aide (f)	助け
portable (m)	携帯	hésiter à + 不定詞	～することをためらう
je note	noter 書き留める（je の活用）	me	私に、私を
		contacter + 人	～に連絡する

デュボア氏	田中さん、名刺はお持ちですか？
田中氏	いいえ、私は名刺を持っていません。でも、メールアドレスはあります。tanaka07@google.com です。私の携帯電話番号は 06-12-03-14-08 です。
デュボア氏	書き留めますね…。すみませんが、もう少しゆっくり繰り返してもらえますか？
田中氏	もちろんです。tanaka07@google.com, 06-12-03-14-08 です。あなたは名刺はお持ちですか、デュボアさん？
デュボア氏	どうぞ、私の名刺です。もし何か問題があれば、遠慮せず私に連絡をください。

【avoir の活用】 ✿ 複合過去でも使うので、これから長くお付き合いする動詞

フランス語の「avoir」は、「持つ」という意味の動詞で、英語の"have"に相当します。この動詞は、物を持つだけでなく、様々な状況で使われます。

例えば、感情や身体的な状態など、さまざまなことを表現するのにも使います。

* avoir は母音で始まる動詞です。そのため、je は「je + ai」が結合して「j'ai」とエリジオンします。

アヴォワー㋳ avoir 持つ			
ジェ ai	j'ai *	ヌ ザヴォン	nous avons
テュ ア	tu as	ヴ ザヴェ	vous avez
イ ラ	il a	イル ゾン	ils ont
エ ラ	elle a	エル ゾン	elles ont

> il a の「a」は これで1つの活用形。
> 「これで一語!?」驚くほどコンパクトでだね。
> tu es, tu as とか il est, il a とか…
> être の活用と発音が似ていて混ざりそうだぞ！

Vous avez des questions ?
ヴ ザヴェ デ ケスティヨン
あなたは質問がありますか？

Oui, j'ai une question.
ジェ ユヌ ケスティヨン
はい、私は質問があります。

Tu as des frères et sœurs ?
テュ ア デ フレー㋶ エ スー㋶
君には兄弟はいる？

J'ai deux frères.
ジェ ドゥ フレー㋶
私には兄弟が2人います。

3人称単数主語（il/elle）はアンシェヌマンします。

Il a des problèmes.
イ ラ デ プ㋶ブレム
彼には問題があります。

Elle a un appartement à Paris.
エ ラアンナパ㋣トマンアパ㋶
彼女はパリにマンションを持っています。

> être と混同すべからず！
> 発音をしっかり
> 確認してくださいね♪

複数主語はリエゾンします。

> Nou**s** **avons** un fils et une fille.
> 私たちには息子が1人、娘が1人います。
>
> Vou**s** **avez** des pêches ?
> 桃はありますか？（あなたは桃を持っていますか）　　店などで聞くときにも使う。

avoir は、所有以外にも、物それ自体に備わる特徴や性質を表す場合にも用いられます。

> Cécile **a** 15 ans.　　　　　（←セシルは15年の歳を持っている）
> セシルは15歳だ。
>
> Tu **as** un rhume.　　　　　（←君は風邪を持っている）
> 君は風邪をひいている。
>
> Elle **a** les yeux noirs.　　　（←彼女は黒い目を持っている）
> 彼女の目は黒い。
>
> Cet immeuble **a** 4 étages.　（←この建物は5階持っている）
> この建物は5階建てです。
> フランスでは1階(rez-du-chaussée)。日本式の2階は、フランス語では1階、日本式の3階はフランス式では2階と、ひとつづつずれる。

表現力アップ！　avoir を用いた熟語表現

avoir に無冠詞名詞を伴って使う表現です。熟語として覚えましょう。

avoir faim 空腹である	J'ai faim, et toi ? 私はおなかが空いている。君は？	**avoir soif** 喉が渇いている	Non, mais j'ai soif. いいえ、私は喉が渇いている。
avoir chaud 暑い(と感じる)	Vous avez chaud dans la salle ? 部屋の中にいて君たちは暑い？	**avoir froid** 寒い(と感じる)	Non, nous avons froid. いいえ、私たちは寒い。
avoir sommeil 眠たい	Les enfants ont sommeil. 子供たちは眠たい。	**avoir peur de** 〜が怖い	J'ai peur des cafards. 私はゴキブリが怖い。
avoir envie de 〜が欲しい	Elle a envie d'un gâteau. 彼女は菓子を欲しがっている。	**avoir raison** 正しい	Vous avez raison. あなたは正しい。 あなたの言う通りだ。
avoir lieu 出来事が起こる	La cérémonie a lieu dans le château. 式典はその城で行われます。		

avoir + 数字 + ans ○○歳です	クレー⑦ アスィ ザン Claire a 6 ans. クレールは6歳です。	
avoir mal à + 体の部位 〜が痛い	ジェ マル ア ラ テットゥ J'ai mal à la tête. 私は頭が痛い。	
avoir l'air + 形容詞 〜のように見える	イラ レー⑦ ファティゲ Il a l'air fatigué. 彼は疲れているようだ。	
avoir l'intention de + 動詞 〜するつもりだ	ジェ ランタンスィオン ドゥ ヴィズィテル ジャポン J'ai l'intention de visiter le Japon. 私は日本を訪れるつもりだ。	
avoir besoin de + 名詞/動詞 〜する必要がある	ジェ ブゾワン ダン スティロ J'ai besoin d'un stylo. 私はペンが必要です。	
Il y a + 名詞(単数・複数ともに) …がある、…がいる	イリヤ アン ノテル プ ⑥ ディスィ Il y a un hôtel près d'ici ? この近くにホテルはありますか？ ウィ イリヤ ドゥ ゾテル プ ⑥ ディスィ Oui. Il y a deux hôtels près d'ici. はい。この近くに2つホテルがあります。	

avoirはフランス語で非常に重要で幅広く使われる動詞です。
少しずつ使い方を覚えていくと、
フランス語でのコミュニケーションがより豊かになりますよ！

【疑問形】 ❁ 疑問形には3通りの作り方があります。

疑問形のスタイルが3種類ありまが、それぞれ、丁寧さの度合い、書き言葉向きか話し言葉向きか、などの特徴があります。

①【イントネーションを上昇調にする】会話で用いられます。

ヴ ゼメ ラ メー⑦
Vous aimez la mer ? ↗ あなたは海が好きですか？

ヴ ゼットゥ ドゥ
Vous êtes d'où ? ↗ あなたはどこから来ましたか？

②【文頭に Est-ce que をつける】 ややかしこまった会話で用いられます。

　　　　Est-ce que tu as des idées ?　　　　　　君はアイデアありますか？
　　　　エ ス ク テュア デ ズィデ

　　　　Est-ce que vous êtes médecin ?　　　　あなたはお医者さまですか？
　　　　エ ス ク ヴ ゼットゥ メ デュサン

que の後に母音字または無音の h で始まる単語がくると、que が qu'になります。

　　　　Est-ce qu'il a mal à la tête ?　　　　　あなたは頭が痛いのですか？
　　　　エ ス キ ラ マル ア ラ テットゥ

　　　que + il   → qu'il (キル)
　　　que + elle → qu'elle (ケル)
　　　que + on   → qu'on (コン)　　それぞれエリズィヨンします。

固有名詞も同様です。

　　　　Est-ce qu'Aline parle anglais ?　　　　アリーヌは英語を話しますか？
　　　　エ ス カ リ ー ヌ パ ル アングレ

　　　　Est-ce qu'Henri est français ?　　　　アンリはフランス人ですか？
　　　　エ ー ス カン リ エ フ ランセ

③【主語と動詞を倒置する】 倒置疑問形は改まった会話や文章で用いられます。

　　　　Aimez-vous la mer ?　↘　　　　　　　あなたは海が好きですか？
　　　　エ メ ヴ ラ メー ル

　　　　Avez-vous des fraises ?　↘　　　　　　イチゴはありますか？
　　　　ア ヴェ ヴ デ フ レ ー ズ

　3人称単数形の動詞が -e, -a で終わる場合、母音の連続を避けるために間に **-t-** を入れなければなりません。

　　　　A-**t**-il un vélo ?　　　　　　　　　　　彼は自転車を持っていますか？
　　　　ア ティ ル アン ヴェ ロ

　　　　A-**t**-elle un chat ?　　　　　　　　　　彼女は猫を飼っていますか？
　　　　アッ テ ル アン シャ

主語が代名詞ではなく一般的な名詞の場合、その名詞の性数に該当する主語人称代名詞を倒置させます。名詞それ自体を倒置させることはできません。

　　Stéphan aime-**t**-il le jardinage ?　　　　Lilas a-**t**-elle besoin de la clé ?
　　ステファン エーム ティ ル ル ジャルディナージュ　　リラ ア テ ル ブゾワン ドゥ ラ クレ

　　ステファンはガーデニングが好きですか？　　リラはその鍵を必要としていますか？

【否定形】 ❁ 否定は「ne-pas」サンドイッチ・動詞を挟み込みます

否定形は動詞を ne (n')〜 pas で挟みます。

ne (n') *	動詞	pas
ヌ		パ

* ne は母音、無音の h の前でエリズィヨンして n' になります。

ジュ ヌ スュィ パ ザ㋑ティストゥ
Je **ne** suis **pas** artiste.　　私は芸術家ではありません。

イル ネ パ ト㋺ ジャンティ
Il n'est pas très gentil.　　彼はそれほど親切ではありません。

【否定疑問文への応答】

その否定疑問文の内容を肯定するときは「**Non**」 否定するときは「**Si**」で応えます。

ヴ ナヴェ パ ファン
Vous **n'**avez **pas** faim?　　あなたはおなかが空いてないですか？

ノン　　ジュ ネ パ ファン
Non ** , je **n'**ai **pas** faim.　　はい、私はおなかが空いていません。

スィ　ジェ ファン
Si , j'ai faim !　　いいえ、私はおなかが空いています！

> 否定疑問文の応答、覚え方の語呂合わせ
> 　〜ではないの？
> 　そ〜なの〜ン(Non)で否定のNon. そんなことないシ〜(Si) で 肯定のSi.

【否定の de】

直接補語の前に置かれる不定冠詞「un, une, des」と部分冠詞「du, de la」は、否定形のときに de に変わります。

ソフィア デ フ㋺ー㋺
Sophie a **des** frères ?　　ソフィには兄弟がいますか？

ノン エル ナ パ ドゥ フ㋺ー㋺
Non, elle n'a pas **de** frères.　　いいえ、彼女には兄弟はいません。

▶**E**xercice 4-1【vrai ou faux】会話の内容と同じ場合は vrai、違う場合は faux で答えましょう。

	vrai	faux
(1) Mme.Tanaka a une carte de visite.		
(2) Mme.Tanaka a une adresse e-mail.		
(3) M.Dubois ne note pas l'adresse e-mail de Mme.Tanaka.		
(4) M.Dubois n'a pas de carte de visite.		

▶**Exercices 4-2** 【avoirの活用】 下記の空欄に適切な avoir/être の活用を記入しましょう。

※ヒント： 形容詞は être とともに用いられます。

(1) Tu _____ une moto japonaise.　　　　- C'___ un cadeau. J'___ de la chance.
　　君は日本製のバイクを持っています。　　　　それはプレゼントです。私はラッキーです。

(2) Tu____ une grande maison.　　　　- Mais, il ____ une grande piscine.
　　君は大きな家を持っている。　　　　でも、彼は大きなプールを持っている。

(3) Il ____ beaucoup de problèmes.　　　- Oui, mais il ___ gentil (形) avec moi.
　　彼にはたくさんの問題があります。　　　はい、でも彼は私に親切です。

(4) Elle _____ dix sept ans.　　　　- Elle_____ très belle (形).
　　彼女は17歳です。　　　　彼女はとても美しいね。

(5) Ton enfant _____ _____?　　　- Non, il ____ _____.
　　君の子供はおなかが空いているの？　　　いいえ、彼は眠たいの。

(6) Vous _____ _____?　　　- Non, on _____.
　　あなたたちは暑いですか？　　　いいえ、私たちは寒いです。

(7) Vous _____ _____ de temps ?　　- Oui, j' _____ _____ de temps
　　あなたは時間が必要ですか？　　　はい、私には時間が必要です。

(8) Vous _____ _____ des chiens ?　- Non, nous _____ des oiseaux.
　　あなたたちは犬が怖いのですか？　　　いいえ、私たちは鳥が怖いです。

(9) Il__ l'air pressé.　　　- Oui, il ___ un rendez-vous dans
　　彼は急いでいるようだ。　　　はい、彼は待ち合せがあるんだ。

(10) Elles_____ ____ aux jambes ?　Non, elles_____ très fatiguées (形).
　　彼女たちは脚が痛いの？　　　いいえ、彼女たちはとても疲れているの。

▶**Exercice 4-3**【疑問文】設問の疑問文を① est-ce que ② 倒置、を用いて答えましょう。

Vous avez des questions ?

(1) ①

(2) ②

(3) Oui, 　　　　　　　　　　　　　　　　　　　　　質問が二つある、場合

(4) Non,

解答------------------------------------
【Exercices 4-1】 (1) faux (2) vrai (3) faux (4) faux
【Exercices 4-2】 (1) as, est, ai (2) as, a (3) a, est (4) a, est (5) a, faim, a, sommeil (6) avez, chaud, a, froid (7) avez, besoin, ai, besoin (8) avez, peur, avons, peur (9) a, a (10) ont, mal, sont

Hélène est à Tokyo.

(5) ①

(6) ②

(7) Oui,

(8) Non,

Vous n'avez pas de mouchoir ?

(9) 持っていない、の返答

(10) 持っている、の返答

▶Exercice 4-4【否定文】次の文を否定文にしましょう。

(1) J'ai soif. →

(2) Elles ont un chien. →

(3) Il y a le dictionnaire de Pauline. →

(4) C'est un voisin. →

(5) Vous avez des devoirs. →

(6) Ce sont les amis de Thomas. →

(7) Vous avez des stylos. →

(8) Je suis allemande. →

解答------------------------------------

【Exercice4-3】(1) Est-ce que vous avez des questions ? (2) Avez-vous des questions ? (3) Oui, j'ai deux questions. (4) Non, je n'ai pas de questions. (5) Est-ce qu'Hélène est à Tokyo ? (6) Hélène, est-elle à Tokyo ? (7) Oui, elle est à Tokyo. (8) Non, elle n'est pas à Tokyo. (9) Non, je n'ai pas de mouchoir. (10) Si, j'ai un mouchoir..

【Exercice4-4】(1) Je n'ai pas soif. (2) Elles n'ont pas de chien. (3) Il n'y a pas le dictionnaire de Pauline. (4) Ce n'est pas un voisin. (5) Vous n'avez pas de devoirs. (6) Ce ne sont pas les amis de Thomas. (7) Vous n'avez pas de stylos. (8) Je ne suis pas allemande.

5. 第一群規則動詞 (er 動詞)
Je regarde un film japonais.
私は日本の映画を見ています。

♪1-10

Vincent　Qu'est-ce que **tu regardes** ?

Caroline　**Je regarde** un film japonais. **J'adore** les dessins animés de Hayao Miyazaki.

Vincent　Ah ! **Tu parles** japonais ?

Caroline　Oui, **je parle** un petit peu japonais. **J'étudie** le japonais depuis six mois. Mais c'est un peu difficile pour moi.

Vincent　Moi, **je ne parle pas** japonais. Mais **j'écoute** souvent des chansons de J-pop. **On chante** ensemble ? Comme ça, c'est plus facile d'apprendre.

Caroline　Oui, allons-y !

tu regardes	regarder 見る (tu の活用)	souvent	しばしば
j'adore	adorer 大好きである (je の活用)	chanson (f)	歌
dessin animé (m)	アニメ	on chante	chanter 歌う (il/elle の活用)
tu parles	parler 話す (tu の活用)	ensemble	一緒に
un (petit) peu	少し、ほんの少し	comme ça	このように
depuis	〜以来	plus ＋形容詞	より〜（比較級）
mais	しかし	facile	簡単な
difficile	難しい	apprendre	学ぶ
j'écoute	écouter 聞く (je の活用)	allons-y	そうしましょう

ヴァンサン	君は何を見ているの？
カロリーヌ	私は日本の映画を見ているの。私は宮崎駿のアニメが大好きなの。
ヴァンサン	ああ！ 君は日本語を話せるのかい？
カロリーヌ	ええ、日本語は少しだけ話せるの。6ヶ月前から日本語を勉強しているの。でも 私には少し難しいわ。
ヴァンサン	僕は日本語を話せない。でも、J-POP の曲はよく聴くよ。一緒に歌おうか？ そうすれば、より簡単に学べるよ。
カロリーヌ	ええ、そうしましょう！

【第一群規則動詞（er 動詞）活用と用法】

　動詞の活用は、まさに「変」と「不変」のコンビネーションと言えます。なぜなら、フランス語の動詞活用は、変わる部分である「語尾」と、変わらない部分である「語幹」との組み合わせで形成されるからです。

> 語幹：不定詞の一部分で、どのような主語が置かれても変化しない部分
> 語尾：主語によって変化する末尾の部分

これらに①②の処理を施します。↓

> ①　語幹を取り出し、使わない部分は取り除く
> ②　主語に応じた語尾をつける

動詞の活用！それは
フランス語を諦めた理由ベスト3
に常にランクインする強敵！

このようにして動詞の活用は作られます。

【例：er 動詞 Parler】

　er 動詞の語幹は、原形から er を取って「parl」となります。この語幹に、語尾（下記の表参照）を組み合わせて動詞の活用が作られます。

er 動詞の直接法現在の活用語尾			
je　- e	nous 　- ons
tu 　- es	vous 　- ez
il 　- e	ils 　- ent
elle - e	elles 　- ent

parler 話す			
je parle	nous parlons
tu parles	vous parlez
il parle	ils parlent
elle parle	elles parlent

（パルレ／パルロン／パル／パルレ／パル／パル）

語尾の s や nt は発音されないから、
ついつい発音したくなっても、グッと堪えてね！

「a, i, u, e, o, h」の頭文字で始まる動詞では、「je」の「e」が省略され[J']となります。

aimer 好きである	
ジェーム j'aime	ヌ ゼモン nous aimons
テュ エーム tu aimes	ヴ ゼメ vous aimez
イ レーム il aime	イル ゼーム ils aiment
エ レーム elle aime	エル ゼーム elles aiment

habiter 住む	
ジャビットゥ j'habite	ヌ ザビトン nous habitons
テュ アビットゥ tu habites	ヴ ザビテ vous habitez
イ ラビットゥ il habite	イル ザビット ils habitent
エ ラビットゥ elle habite	エル ザビットゥ elles habitent

【語幹に変化のある例外】

上記が基本型となりますが、語幹に変化のある例外的な er 動詞もあります。

appeler 呼ぶ【子音が増える】	
ジャペル j'appelle	ヌ ザプロン nous appelons
テュ ア ペル tu appelles	ヴ ザプレ vous appelez
イ ラペル il appelle	イル ザペル ils appellent
エ ラペル elle appelle	エル ザペル elles appellent

acheter 買う【accent が発生】	
ジャシェットゥ j'achète	ヌ ザシュトン nous achetons
テュ ア シェットゥ tu achètes	ヴ ザシュテ vous achetez
イ ラシェットゥ il achète	イル ザ シェットゥ ils achètent
エ ラシェットゥ elle achète	エル ザ シェットゥ elles achètent

préférer ～をより好む【accent が変化】	
ジュ プフェー je préfère	ヌ プフェロン nous préférons
テュ プフェー tu préfères	ヴ プフェレ vous préférez
イル プフェー il préfère	イル プフェー ils préfèrent
エル プフェー elle préfère	エル プフェー elles préfèrent

envoyer 送る【文字が変化】	
ジャンヴォワ j'envoie	ヌ ザンヴォワイヨン nous envoyons
テュ アンヴォワ tu envoies	ヴ ザンヴォワイエ vous envoyez
イ ランヴォワ il envoie	イル ザンヴォワ ils envoient
エ ランヴォワ elle envoie	エル ザンヴォワ elles envoient

nous の活用に限り語幹が変化する動詞もあります。

manger 食べる	
ジュ マンジュ Je mange	ヌ マンジョン nous mangeons
テュ マンジュ tu manges	ヴ マンジェ vous mangez
イル マンジュ il mange	イル マンジュ ils mangent
エル マンジュ elle mange	エル マンジュ elles mangent

commencer 始める・始まる	
ジュ コマンス je commence	ヌ コマンソン nous commençons
テュ コマンス tu commences	ヴ コマンセ vous commencez
イル コマンス il commence	イル コマンス ils commencent
エル コマンス elle commence	エル コマンス elles commencent

ミニ会話 ③ Vous aimez les romans ? ✤小説は好きですか？ ♪1-11

Léo　　Bonjour Marie. Qu'est-ce que vous lisez ?

Marie　Bonjour Léo. Je lis *Les Misérables*.
　　　　J'aime beaucoup les œuvres de Victor Hugo.

Léo　　Ah bon ? Vous aimez les romans classiques ?

Marie　Oui. J'adore ça.

Léo　　Moi, je préfère les romans policiers. Je n'aime pas du tout les romans classiques.

Marie　Moi, je déteste les romans policiers. Il y a toujours de mauvais assassins.

lisez	lire 読む（vous の活用）	roman policier	推理小説
œuvre (f)	（芸術全般の）作品	déteste	détester 大嫌いである
roman (m)	長編小説	toujours	いつも
classique	クラシック、古典の	mauvais(e)	悪い
préfère	préférer 〜をより好む	assassin (m)	殺人者

レオ　　こんにちはマリさん。何を読んでいるのですか？
マリ　　こんにちはレオさん。私は「レ・ミゼラブル」を読んでいます。私はヴィクトル・ユゴーの小説がとても好きなのです。
レオ　　あなたは古典文学が好きなのですか？
マリ　　はい、大好きです。
レオ　　僕は推理小説のほうが好きです。古典文学は全く好きではありません。
マリ　　私は推理小説が大嫌いです。いつも悪い人殺しが出てきますから。

表現力アップ！ 好き・嫌いの度合い

♡♡♡♡	J'**adore**. 大好きだ。	×	Je **n'**aime **pas beaucoup**. あまり好きではない。
♡♡♡	J'aime **beaucoup**. とても好きだ。	××	Je **n'**aime **pas**. 好きではない。
♡♡	J'aime. 好きだ。	×××	Je **n'**aime **pas du tout**. 全く好きではない。
♡	J'aime **bien**. 結構好きだ。	××××	Je **déteste**. 大嫌いだ。

▶**Exercice 5-1**【vrai ou faux】会話の内容と同じ場合は **vrai**、違う場合は **faux** で答えましょう。

(1) Caroline aime les films d'horreur japonais.

(2) Caroline étudie le japonais depuis un an.

(3) Vincent parle bien japonais.

(4) Vincent aime les chansons de J-pop.

vrai	faux

▶**Exercice 5-2**【er 動詞の活用】 下記の空欄に適切な活用を記入しましょう。

(1) Je _____ avec mes amis dans un restaurant français. (déjeuner)

(2) Vous _____ bien (danser), mais vous _____ mal. (chanter)

(3) Je n'_____ pas nager. (aimer)

(4) On _____ le Musée d'Orsay. (visiter)

(5) Les oiseaux _____ des fraises. (chercher)

(6) Les touristes _____ en France. (voyager)

(7) Stephan _____ tard à la maison. (rentrer)

(8) Vous _____ à Lyon ? (habiter)

(9) Je _____ de la guitare. (jouer)

(10) Jeanne et Leïla _____ M. Dupont au dîner. (inviter)

▶**Exercice 5-3**【会話】 下記の空欄に適切な活用を記入しましょう。

(1) Qu'est-ce que vous _____ ? - Je _____ le café au thé. (préférer)

(2) Je m'_____ Hiroko. Et Vous, vous vous _____ comment ? (appeler)

(3) J'_____ des pommes. - Vous _____ des citrons ? (acheter)

(4) Nous _____ ensemble ? (manger) - Non, nous _____ le cours. (commencer)

(5) Vous _____ ce colis à la Poste ? - Oui, j'_____ ce colis. (envoyer)

解答------------------------------------
【Exercice 5-1】(1) faux (2) faux (3) faux (4) vrai
【Exercice 5-2】(1) déjeune (2) dansez, chantez (3) aime (4) visite (5) cherchent (6) voyagent (7) rentre (8) habitez (9) joue (10) invitent
【Exercice 5-3】(1) préférez, préfère (2) appelle, appelez (3) achète, achetez (4) mangeons, commençons (5) envoyez, envoie

【余談】ミニ・エッセイ　"三角い"おにぎり- un onigiri triangulaire！-

　どのような言語にも、なぜそこだけそうなるの？と不思議に感じてしまう、統一性を乱すような表現が存在します。言語は人間という不完全な生き物が用いる流動的なツールであるがゆえに、必ずしも理路整然としているわけではありません。こうした言葉は非常に面白く興味深いのと同時に、学習者にとってはなかなか手ごわい要素でもあります。

　例えば、日本語学習中のフランス人の友人が、「"三角い"おにぎりが欲しい」と言ったことがありました。三角い？「三角の」と言いたかったのでしょう。その旨を伝えると、友人いわく「では"三角"おにぎり」と「の」を省いて言い直しました。三角を形容詞にするときは「三角の」になるところの「の」に違和感を覚えるとのことでした。「丸→丸い、四角→四角い」なのに、なぜ「三角→三角い」ではないの？と。おそらくフランス語の名詞の下記のような形容詞化から発想したのだと思われます。

aire がついて形容詞化するもの

- le triangle （三角）　　→　triangul<u>aire</u>（三角の）
- le rectangle （長方形）　→　rectangul<u>aire</u>（長方形の）
- le circule （円）　　　　→　circul<u>aire</u>（輪、円状の）

名詞と同様のスペルで形容詞の意味を持つもの

- le carre （正方形）　→　carré(e)（正方形の）
- le rond （丸）　　　→　rond(e)（丸い）

　「このほうが理論的だと思うのだけど」と言われてしまい、私は返答に困ってしまいました。彼女が「三角い」と発想するのは至極当然のようにも思われますが、それでも日本語ではそのように言いません。問い詰められても答えようがないのです。「それはそういうものだ」と着地するしかなく、説明を受ける側も、それを受け入れるしかありません。

　「三角い」という言葉がなくて不便を感じたことはないのか？と真顔で聞かれましたが（こと、語学学習においては生真面目な人だった）幸か不幸か、これまで私は人生で「三角い」を使えずに困ったことは一度たりともありません。おそらく今後もないでしょう。

　私もまた、同じようなことをフランス語にも思ったりします。フランス語を日本語的発想で学習していたときによく感じた、なんというか「喉に刺さった魚の小骨」的な違和感は数知れず。不思議なもので（いやむしろ当然なことか？）これが「フランス語的発想で考えてフランス語を学ぶ」に切り替わると、小骨がすっと取れていくのです。

もとい、友人が「三角」について感じたのと似たような違和感が私にもありました。それは「安い」という言葉。フランス語では「安い」という言葉を、一語で表すことができません。なぜなら日本語の「安い」英語の「cheap」に当たる一語がないからです。

　大体は

- **pas cher**（高くない）
- **moins cher**（より高くない、劣勢の比較級）

と、否定やマイナスの形を取ります。

　bon marché（お買い得）という言い方もあるし、表現として「安い」状態を表す言い回しはそれなりにあります。ですが、スパっと「安い！」となぜ言えない？ 不便ではないのか？ そのことが、いつまでも引っかかっていました。『安い』を一言で言えなくて不便を感じたことはないのか？」と、同じような質問をフランス人の友人に投げかけたら「そんなこと考えたこともなかった」とのこと。

　元々ないものは不便さすら感じません。なぜなら「ない」からです。必要であれば言葉は生まれます。「三角い」も「一語の"安い"」も、他の表現がなくても困らなかったから存在しないままなのでしょう。そのうち「三角い」も生まれてくるかもしれませんね。

6 所有形容詞
C'est son sac. Et ces lunettes aussi ?
これは彼女のカバンです。この眼鏡も？

♪1-12

Minami	C'est **votre sac** ?
Vincent	Non, ce n'est pas **mon sac**. C'est à Michelle, je crois.
Minami	D'accord. C'est **son sac**. Et ces lunettes aussi ?
Vincent	Non, ce sont **mes lunettes**. Je porte des lunettes quand je n'ai pas de lentilles.
Minami	Ça vous va bien, **vos lunettes**. Vous avez l'air très intelligent.
Vincent	Ah bon ? Je les garde alors.

votre	あなたの	quand	〜のとき
sac (m)	カバン、バッグ	lentille (f)	コンタクトレンズ
être à + 人	〜の所有物だ	ça vous va bien	あなたによく似合う
je crois	croire 信じる、思う	vos	あなたの +（複数名詞）所有形容詞
d'accord	了解です	intelligent(e)	頭が良い、知的な
ces	これらの	les	それらを（眼鏡を指す）
lunettes (f, 複数)	眼鏡	garde	garder 身に着けたままでいる、取っておく
je porte	porter 身に着ける、運ぶ	alors	では、さて、ところが

ミナミ　　　これはあなたのバッグですか？
ヴァンサン　いいえ、それは私のバッグではありません。ミッシェルのだと思います。
ミナミ　　　分かりました。それは彼女のバッグですね。そしてその眼鏡も？
ヴァンサン　いいえ、それは私の眼鏡です。私はコンタクトレンズがないとき、眼鏡をかけています。
ミナミ　　　眼鏡が似合っていますね。とてもインテリ風に見えますよ。
ヴァンサン　ああそう？ じゃあ、眼鏡をそのままかけておこうかな。

【所有形容詞】

所有形容詞とは「私の」「君の」といった所有を表す形容詞です。この所有形容詞は、所有者の人やものが何であるかによって、そして所有される名詞の性別や数によって変化します。

	男性単数	女性単数	複数
je : 私の	**mon** (モン) (例) mon père	**ma (mon)** * (マ) (例) ma mère	**mes** (メ) (例) mes parents
tu : 君の	**ton** (トン) ton père	**ta (ton)** * (タ) ta mère	**tes** (テ) tes parents
il / elle : 彼の/彼女の	**son** (ソン) son père	**sa (son)** * (サ) sa mère	**ses** (セ) ses parents
nous : 私たちの	**notre** (ノトゥる) notre père / notre mère		**nos** (ノ) nos parents
vous : あなた/あなた方の	**votre** (ヴォトゥる) votre père / votre mère		**vos** (ヴォ) vos parents
ils / elles : 彼ら/彼女らの	**leur** (ルーる) leur père / leur mère		**leurs** (ルーる) leurs parents

＊母音または無音の h で始まる女性名詞には mon, ton, son を用います。

~~ma école~~ (f) → mon école （マ エコル／モン ネコル）　　~~ta adresse~~ (f) → ton adresse （タ アドゥれス／トン ナドゥれス）

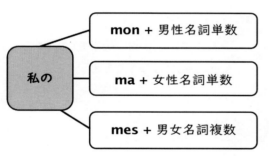

「私の」父、「私の」母、「私の」両親、すべて「私の」という意味であることに変わりありません。しかし、フランス語では、名詞の性別ごとに「私の」の言い方が細分化され、変化します。
また、日本語における「私の」「僕の」や、英語における「彼の(his)」「彼女の(her)」というように所有者の性別に基づいてはいません。

C'est le sac de Valérie.　→　C'est <u>son</u> sac. (son=Valérie)
（セ ル サック ドゥ ヴァレりー）　　（セ ソン サック）
これはヴァレリーのバッグです。　　彼女のバッグです。

C'est la valise de Nicolas.　→　C'est <u>sa</u> valise. (sa=Nicolas)
（セ ラ ヴァリーズ ドゥ ニコラ）　　（セ サ ヴァリーズ）
これはニコラのスーツケースです。　　彼のスーツケースです。

Jean et Nadine sont les enfants de Léa.　→　Ils sont <u>ses</u> enfants. (ses=Léa)
（ジャン エ ナディーヌ ソン レ ザンファン ドゥ レア）　　（イル ソン セ ザンファン）
ジャンとナディーヌはレアの子供たちです。　　彼らは彼女の子供たちです。

Pierre est le fils de Denis et Sarah.　→　Il est <u>leur</u> fils. (leur=Denis et Sarah)
（ピエール エ ル フィス ドゥ ドゥニ エ サら）　　（イル エ ルーる フィス）
ピエールはドゥニとサラの息子です。　　彼は彼らの息子です。

英語のように his suitcase,（持ち主が男性で「彼の」、her bag（持ち主が女性で「彼女の」とはなりません。 例えば
彼の＋女性名詞なら「sa」: sa valise (f) 彼のスーツケース
彼女の＋男性名詞なら「son」: son sac (m) 彼女のバック
となるのです。

 ややこしいなあ。混乱しそうだよ。

表現力アップ！ 否定いろいろ ne-pas 以外のバリエーション！

pas の部分を別の単語にすると、否定の意味合いやニュアンスが広がります。

ne-pas encore 「まだ～ない」

Je n'ai pas encore 20 ans. — 私はまだ二十歳ではありません。
Elle n'est pas encore prête. — 彼女はまだ用意ができていません。

ne... plus 「もう～ない」

Vous êtes encore fatigué ? — まだお疲れですか？
- Non, je ne suis plus fatigué. — いえ、もう疲れていません。

ne... jamais 「決して～ない、一度も～ない」

Vous travaillez le dimanche — あなたは毎週日曜に仕事をしますか？
- Non, je ne travaille jamais ! — いえ、決して仕事をしません。

ne... que 「～しか～ない」

Vous avez de l'argent liquide ? — 現金をお持ちですか？
- Non, je n'ai qu'une carte. — いえ、カード１枚しか持っていません。

ne-personne または personne ne + 動詞 「誰も～ない」

Il n'y a personne dans la maison. — 家の中には誰もいません。
Personne n'a la clé de ton vélo. — 誰も君の自転車の鍵を持っていません。

ne-rien または rien ne + 動詞 「何も～ない」

Il n'y a rien dans la maison. — 家の中には何もありません。
Rien ne change dans notre ville — 僕たちの町では何も変わりません。

▶**Exercice 6-1【vrai ou faux】** 会話の内容と同じ場合は vrai、違う場合は faux で答えましょう。

(1) Il y a une valise de Michelle.
(2) Il y a des lunettes de Michelle.
(3) Vincent porte toujours ses lunettes.
(4) Vincent a l'air intelligent avec ses lunettes.

vrai	faux

▶**Exercice 6-2 【所有形容詞】** 下線に適切な所有形容詞を入れましょう。

(1) - Monsieur, _____ passeport, s'il vous plaît.
   - Voilà _____ passeport.
   - Et quel est le but de _____ voyage ? – C'est pour le tourisme.

(2) - Vous avez _____ coordonnées ?
   - Oui, bien sûr. Voici _____ carte. Et c'est _____ adresse e-mail.

(3) - Monsieur, je peux vous aider ?
   - Je cherche un foulard pour _____ femme et une cravate pour _____ père.

(4) - Nous montrons une photo de _____ famille.（私たちの）
   - C'est _____ grand-père. Ce sont _____ parents.（私たちの）

(5) - Tu as un compte Facebook ? – Oui, voilà _____ compte.

(6) - Je vous remercie de _____ gentillesse.

(7) - Vous pouvez garder _____ valises pendant _____ sortie ?（私の）
   - Entendu !

▶**Exercices 6-3【所有形容詞】** 下線に適切な所有形容詞を入れましょう。

(1) Christophe est le fils de Marie ? – Oui, il est _____ fils.

(2) Nadège est la fille d'Alain ? – Non, elle n'est pas _____ fille.

(3) Claire est la mère de Sylvie et Jean-Luc ? – Oui, elle est _____ mère.

(4) Sylvie et Jean-Luc sont les enfants de Claire ?– Oui, ils sont _____ enfants.

(5) C'est la voiture de M. et Mme Rivière ? – Oui, c'est _____ voiture.

(6) Les enseignants parlent de _____ élèves.

Exercice 6-4 【否定形】下記の日本語をフランス語に訳しましょう。

(1) 私(f)はまだ用意ができていません。　用意ができた être prêt(e)

(2) 冷蔵庫の中にはズッキーニ1本しかありません。ズッキーニ une courgette / 冷蔵庫 le frigo

(3) その会議では誰もフランス語で話しません。　会議 la réunion　フランス語で en français

(4) 全員が英語でしか話しません。　全員、みんな tout le monde　英語で en anglais

(5) 通りには誰もいません。通りには dans la rue.
　　　Personne を主語に

　　　Ne-personne を用いて

(6) 私は銀行カード1枚しか持っていません。銀行カード une carte bancaire

(7) 私の父は絶対に飛行機に乗りません。

(8) 私の子供たちは、もうお腹を空かせていません。

(9) ポールは20時以降絶対に食べません。以降 après

解答--

【Exercices 6-1】 (1) faux (2) faux (3) faux (4) vrai

【Exercices 6-2】 (1) votre, mon, votre (2) vos, ma, mom (3) ma, mom (4) notre, notre, nos (5) mon (6) votre (7) mes, mon

【Exercice 6-3】 (1) son (2) sa (3) leur (4) ses (5) leur (6) leurs

【Exercice 6-4】 (1) Je ne suis pas encore prête. (2) Il n'y a qu'une courgette dans le frigo. (3) Personne ne parle en français à la réunion. (4) Tout le monde ne parle qu'en anglais. (5) Personne n'est dans la rue. Il n'y a personne dans la rue. (6) Je n'ai qu'une carte bancaire. (7) Mon père ne prend jamais l'avion. (8) Mes enfants n'ont plus faim. (9) Paul ne mange jamais après 20 h.

7 形容詞
Vous avez une grande maison et un joli jardin !
あなたは大きな家と素敵な庭をお持ちですね。

♪1-13

Minami　Vous avez **une grande maison** et **un joli jardin** !

Jean-Marc　Merci. Ma famille et moi, **nous sommes très contents** de vous inviter chez nous. Ce soir, on dîne en terrasse. **C'est sympa**, non ?

* * * * Plus tard * * * *

Minami　Toute votre famille est **gentille**. Votre mère est très **bonne cuisinière** !

Jean-Marc　**Elle est passionnée de** cuisine. Elle adore aussi le jardinage. Regardez, il y a beaucoup de **belles fleurs** dans le jardin.

Minami　**C'est super ! Ces petites fleurs violettes,** qu'est-ce que c'est ?

Jean-Marc　C'est de la lavande. Ça sent très bon.

grand(e)	大きな	sympa	sympathique 感じが良い
maison (f)	家	passionné(e) de	～に熱中する
joli(e)	きれいな	beaucoup de	たくさんの～
content(e)	満足した、うれしい	beau / belle	美しい
inviter	招待する	super (不変)	素晴らしい
chez	～の家に・で	violet(te)	紫の
dîner (m)	夕食を取る、夕食	lavande (f)	ラベンダー
gentil(le)	親切な	sentir	感じる、匂いがする

ミナミ	あなたは大きなお家と素敵なお庭をお持ちですね。
ジャン-マルク	ありがとうございます。私の家族と私は、あなたを我が家に招待できて、とてもうれしいです。今夜、私たちはテラスで夕食を取りますよ。いい感じでしょう？
ミナミ	ご家族全員が親切ですね。お母様はお料理がとても上手ですね！
ジャン-マルク	彼女は料理に熱中しています。彼女はガーデニングも大好きです。ほら、庭にはたくさんのきれいな花が咲いていますよ。
ミナミ	すごいですね。その小さな紫の花は何ですか？
ジャン-マルク	ラベンダーです。とても良い香りがします。

【形容詞 ① 位置】 ✽ はい！ またもや出ました！「性数一致」！

形容詞は原則として名詞の後に置かれ、その際に名詞の性数と一致しなければなりません。

名詞	+	形容詞

アン ナ パ⑰ トゥマン コンフォ⑰ターブル
un appartement confortable
快適なアパルトマン

デ ザ パ⑰ トゥマン コンフォ⑰ターブル
des appartements confortables
快適なアパルトマン（複数）

ユヌ フィーユ アンテリジャントゥ
une fille intelligente
頭の良い女の子

デ ギャ⑦ソンs ザンテリジャンs
des garçons intelligents
頭の良い男の子たち

ただし、次のような「**日常的によく使う短い形容詞**」は名詞の前に置かれます。

「日常的によく使う？ 括り方がザックリだよ？」

プティ	ボン	ジュンヌ	ジョリ	ヌボー
petit	bon	jeune	joli	nouveau
小さな	よい	若い	きれいな	新しい
グ⑦ン	モヴェ	ヴュ	ボ	アンスィアン
grand	mauvais	vieux	beau	ancien
大きい	悪い	年取った（古い）	美しい	古い（旧の）

不定冠詞複数形 des の変化

*形容詞が名詞の前に置かれると、不定冠詞複数形 des は de になります。

アン グ⑦ン タ⑦ブ⑦
un grand arbre → ***de grands arbres**
大きな木（一本）　　大きな木々

ユヌ ジョリ メゾン
une jolie maison → ***de jolies maisons**
きれいな(一軒の)家　　きれいな家々

細かい変化ですから、注意してくださいね！

この決まりからすると…なぜ、
ボジョレ・ヌーヴォー（beaujolais nouveau）
アール・ヌーヴォー（art nouveau）の nouveau は名詞の後なの？

Point ☞ 形容詞の位置　形容詞が表す意味が主観的か客観的か？

　形容詞が主観的または比喩的に使用される場合は名詞の前に置かれ、客観的に使用される場合は名詞の後に置かれます。

　例えば、nouveau livre は、主語の人が「新しく揃えた・読んだ」という、主語にとっての「新しい」の意味であり、他の人にとって新しいかどうかは分かりません。しかし livre nouveau とすると、世に新しく出回ることになった新刊、の意味になり、誰からみても客観的に新しいのです。（ちなみに「新品の」を表す形容詞は nouveau とはべつに「neuf」を使います）

主観的な形容		客観的な形容	
ancienne adresse	旧住所	château ancien	古い城
nouveau livre	新しい本	livre nouveau	新本、新刊本
dernière année	最後の年	année dernière	去年
grand* homme	偉人	homme grand	背の高い男

＊ grand は後ろに母音で始まる単語がくると「d」が [t] の音でリエゾンします。

- その年の誰からみても一般的に「新しい」ボジョレ → beaujolais nouveau
- 美術史上の様々な芸術様式の中で「最新の」芸術 → art nouveau という具合です。

このように、形容詞の位置が異なると、その意味も変わってくるのです。

【形容詞 ② 性・数の一致】　＊ 名詞と形容詞の「一糸乱れぬお揃いぶり！」

　形容詞の位置は、形容詞の特徴に基づき、それぞれの位置から名詞を修飾します。また、形容詞は、名詞、主語と性数一致しなければなりません。

【名詞の前後に置いて名詞を修飾する場合】

Il a une petit**e** **maison** blan**che**.
彼は小さな白い家を持っています。

Il a deux grand**es** **voitures** japonais**es**.
彼は大きな日本車を 2 台持っています。

【主語 + être + 形容詞（主語の性質や状態を表します）で用いる場合】

ス ジャ⑦ダン エ ト ボ
Ce jardin est très **beau** !
この庭はとても美しいです。

エ レ シュ⑦プヒーズ ドゥ ス ブ⑪ユイ
Elle est **surprise** de ce bruit.
彼女はその物音に驚いた。

【形容詞 ③ 女性形・複数形の作り方・原則】 ✿ 定番パターンは「-e」「-s」

原則として女性形は男性形に **-e** をつけ、複数形は単数形に **-s** をつけます。

イ レ グ⑪ン
Il est grand.
彼は背が高い。

エ レ グ⑪ンドゥ
Elle est grand**e**.
彼女は背が高い。

イル ソン グ⑪ン
Ils sont grand**s**.
彼らは背が高い。

エル ソン グ⑪ンドゥ
Elles sont grand**es**.
彼女たちは背が高い。

【女性形特殊変化】 「-e」だけじゃない豊かな(?)バリエーション

女性形には -e 以外にも、語末によって様々な形があります。

女性形変化	男性形	女性形	例
・-e → -e	ジュンヌ jeune (若い)	ジュンヌ jeune	ユヌ ジュンヌ フィーユ une **jeune** fille 若い女の子
・-f → -ve	アクティフ actif (活動的な)	アクティヴ active	ユヌ ファム アクティヴ une femme **active** 活動的な女性
・-er → -ère	レジェ léger (軽い)	レジェー⑦ légère	ユヌ ヴァリーズ レジェー⑦ une valise **légère** 軽いスーツケース
・-eux → -euse	セ⑪ユー sérieux (深刻な)	セ⑪ユーズ sérieuse	ユヌ シテュアスィオン セ⑪ユーズ une situation **sérieuse** 深刻な状況
・子音を重ねる	ボン bon (良い) ジャンティ gentil (親切な)	ボンヌ bonne ジャンティーユ gentille	ユヌ ボンヌ イデ une **bonne** idée 良い考え ユヌ フィーユ ジャンティーユ une fille **gentille** 親切な女の子
・特殊変化	ロン long (長い) ブラン blanc (白い) ドゥ doux (甘い、優しい)	ロングゥ longue ブランシュ blanche ドゥース douce	ユヌ ⑪ーブ ロングゥ une robe **longue** ロングワンピース ユヌ メゾン ブランシュ une maison **blanche** 白い家 ユヌ ポム ドゥース une pomme **douce** 甘いリンゴ

【形容詞・名詞　複数形の特殊変化】　こちらも多彩なバリエーション

名詞、形容詞の複数形は、原則として単数形に -s をつけますが不規則な形もあります。

変化	単数形	複数形	例
語末が-s, -x → 変化しない	heureux（形）幸せな un bus（名）バス	heureux des bus	Ils sont **heureux**. 彼らは幸せだ。 Il y a des **bus**. バスがある。
語末が-eu, -eau → -x に変化	beau（形）美しい un cheveu（名）髪	beaux des cheveux	les beaux-arts 美術 des cheveux longs 長い髪
語末が -al → -aux に変化	social（形）社会の animal（名）動物	sociaux animaux	les réseaux sociaux SNS le roi des animaux 百獣の王

【男性第二形】　　男と女の間にあるもの…愛か？憎しみか？　いいえ！男性第二形です！

修飾する形容詞が名詞の前に置かれ、その名詞が母音または無音の h で始まる男性名詞である場合、下記の形容詞に限り、赤字の形に変化します。これを「男性第二形」といいます。
男性第二形を持つ形容詞は下記の通りです。

	beau		nouveau		vieux	
	男性	女性	男性	女性	男性	女性
単数	beau **bel**	belle	nouveau **nouvel**	nouvelle	vieux **vieil**	vieille
複数	beaux	belles	nouveaux	nouvelles	vieux	vieilles

un **bel** homme　　　un **nouvel** hôtel　　　un **vieil** appartement
かっこいい男性　　　新しいホテル　　　古いアパルトマン

単語力アップ！ ▶ la famille　家族・親族の語彙 ▶

ペー⑦ père 父	メー⑦ mère 母	パ ン parents 両親	マ ㋪ mari 夫	ファ ム femme 妻
フ㋸ー⑦ frère 兄弟	スー⑦ sœur 姉妹	アンファン enfant 子供	ク ザン cousin 従兄弟	クズィーヌ cousine 従姉妹
オンクル oncle 叔父	タントゥ tante 叔母	ボ ペー⑦ beau père 義父	ベル メー⑦ belle mère 義母	ボ パ ン beaux-parents 義両親

▶**E**xercice 7-1 vrai ou faux ?　会話の内容と同じ場合は vrai、違う場合は faux で答えましょう。

(1) Jean-Marc a un grand appartement.

(2) Minami et la famille de Jean-Marc dînent en terrasse.

(3) La mère de Jean-Marc ne cuisine pas très bien.

(4) Il n'y a pas de fleurs dans le jardin de Jean-Marc.

vrai	faux

▶**E**xercice 7-2【形容詞】括弧の形容詞を適切な性数変化をさせて記入しましょう。

(1) Un _____ (petit) chien traverse une (grand) _____ rue.

(2) La rue Kabukicho est _____ (dangereux).

(3) Il y a de _____ (nombreux) livres sur la table.

(4) La chanson de Diane est très _____ (beau).

(5) Vous préférez une bière _____(glacé) ou un café (chaud) ?

(6) J'habite dans un _____(vieux) appartement.

(7) La jeune femme de Jacques est _____ (heureux).

(8) Votre valise est très _____(léger).

(9) Ta mère est _____ (actif).

(10) J'achète une tablette _____ (neuf) et une robe _____ (blanc).

▶Exercice 7-3 【形容詞】peinture に関する形容詞を下記から選び、適切な形、位置に記入しましょう。

beau, grand, intéressant, français, joli vieux, historique, japonais

Il a une

(1) _____ peinture _____ 小さな日本の絵

(2) _____ peinture _____ 大きなフランスの絵

(3) _____ peinture _____ 古い歴史の絵

(4) _____ peinture _____ きれいで興味深い絵

▶Exercice 7-4 【単数-複数】下線部を複数形にして書きかえましょう。

(1) Le roi a un <u>cheval</u> blanc. →

(2) Elle a une grande <u>maison</u>. →

(3) Namiheï a un <u>cheveu</u> noir. →

(4) C'est un <u>problème</u> social. →

(5) Il y a un <u>château.</u> →

(6) Vous avez un <u>animal</u> domestique. →

(7) Il y a un <u>bus</u> près d'ici. →

(8) <u>Je</u> suis heureux. (男性形複数に) →

解答------------------------------------

【Exercice 7-1】 (1) faux (2) vrai (3) faux (4) faux
【Exercice 7-2】 (1) petit, grande (2) dangereuse (3) nombreux (4) belle (5) glacée, chaud (6) vieil (7) heureuse (8) légère (9) active (10) neuve, blanche
【Exercice 7-3】 (1) belle - japonaise (2) grande - française (3) vieille - historique (4) jolie - intéressante
【Exercice 7-4】 (1) Le roi a des chevaux blancs. (2) Elle a de grandes maisons. (3) Namiheï a des cheveux noirs. (4) Ce sont des problèmes sociaux. (5) Il y a des châteaux. (6) Vous avez des animaux domestiques. (7) Il y a des bus près d'ici. (8) Nous sommes heureux.

8 近接未来 近接過去
Je vais participer au cours de yoga.
私はヨガのコースに参加するつもりです。

♪1-14

Charles　**Tu vas où** ce week-end ?

Nadine　Moi, **je vais participer au cours de yoga** en forêt avec Ayako et Laura. Ce soir, **nous allons dormir** sous une tente.

Charles　**Tu ne vas pas finir** ton rapport sur ton voyage d'affaires ?

Nadine　**Je viens de le finir**. Je veux vraiment prendre l'air avec elles.

Charles　**Vous allez dormir** sous une tente ? Ce n'est pas trop dur pour vous ?

Nadine　Non, pas du tout. **Je vais passer** un week-end en pleine nature.

vais / vas / va	aller 行くの活用	voyage (m)	旅
ce	この、その、あの	affaire (f)	出来事・ビジネス（複数）
participer à	〜に参加する	viens de	venir de 〜したところだ venir 来る（jeの活用）
au	à と le の縮約	le	それを（補語人称代名詞）
cours (m)	コース、授業	veux	vouloir 〜したい
forêt (f)	森	vraiment	本当に
avec	〜と一緒に	prendre l'air	屋外の空気を吸う
dormir	眠る	trop	〜すぎる
sous	〜の下で	dur(e)	大変な、硬い
finir	終わる、終える	passer	過ごす、通り過ぎる
rapport (m)	レポート、報告	plein(e) de	〜でいっぱいの
sur	〜上に、〜に関する		

シャルル	今週末はどこに行くの？
ナディーヌ	アヤコとローラと一緒に森のヨガクラスに参加するつもり。今夜、私たちはテントで寝る予定なのよ。
シャルル	君は出張報告を仕上げる予定ではないのかい？
ナディーヌ	ちょうどそれを終えたところよ。私は本当に彼女たちと一緒に新鮮な空気を吸いたわ。
シャルル	テントで寝るのかい？君たちには大変すぎない？
ナディーヌ	いいえ、全然。私は自然がいっぱいの週末を過ごすつもりよ。

【動詞 aller venir の活用】 ❀ "Ça va" でおなじみの動詞だよ！

aller 行く (アレ)

je	vais	nous	allons
tu	vas	vous	allez
il	va	ils	vont
elle	va	elles	vont

venir 来る (ヴニー)

je	viens	nous	venons
tu	viens	vous	venez
il	vient	ils	viennent
elle	vient	elles	viennent

Je **vais** à la piscine.
私はプールに行きます。

Je **viens** de Tokyo.
私は東京から来ています。(東京出身です)

Elles **vont** en France.
彼女たちはフランスに行きます。

Vous **venez** d'où ?
あなたはどこから来ていますか？(出身はどこですか)

【国の性別と前置詞】

フランス語では国にも性別があります。男性名詞の国か、女性名詞の国かによって用いられる前置詞が変ります。

男性名詞の国 au (à + le) ＋国名
※ à+le が並ぶと au に変化します。leçon9 参照

女性名詞の国 en ＋ 無冠詞 ＋国名
※ la や l' はなくなるので注意！

Je vais **au** Japon.
私は日本に行きます。

Vous allez **au** Royaume-Uni.
あなたは英国に行きます。

Je vais **en** France.
私はフランスに行きます。

Vous allez **en** Italie.
あなたはイタリアに行きます。

【近接未来・近接過去の用法】　✤「今」から向かう未来　「今」にたどり着いた過去

aller, venir には、「行く」「来る」の意味の他に、「近い未来」「近い過去」を表す用法があります。これを「近接未来」「近接過去」と呼びます。用法は下記の通りです。

近接未来 ～しようとする・するつもりだ	近接過去 ～したところだ
アレ aller + 不定詞	ヴニー ドゥ venir + de + 不定詞

これらの動詞は、時間的な近さや遠さを強調する際に使われます。例えば、"Je vais partir"（近接未来）は「私はすぐに出発します」、"Je viens de rentrer"（近接過去）は「私はさっき帰ってきたばかりです」という意味で用いられます。

ジュ ヴェ パ セ アン ボン ウィー ケンドゥ
Je **vais passer** un bon week-end.
私は良い週末を過ごす予定です。

ヌ ザロン コマン セル クー
Nous **allons commencer** le cours.
私たちは授業を始めましょう。

エル ヴァ ヴニー オ ジャポン
Elle **va venir** au Japon.
(au = à + le)
彼女は日本に来る予定です。

エル ヴィヤンドゥ ドゥ ラントレ デュ ジャポン
Elle **vient de rentrer** du Japon.
(du = de + le)
彼女は日本から戻ったところです。

ジュ ヴィヤン ドゥ フィニー モン ドゥヴォワー
Je **viens de finir** mon devoir.
私は宿題を終えたところです。

イル ヴィヤンドゥ ディネ
Il **vient de dîner**.
彼は夕食を取ったところです。

venir は de をつけないと「～をしに来る」と、異なる意味になります。

イル ヴィヤンドゥ ギャ デ ス デーヴェーデー
Il **vient de** regarder ce DVD.
彼はこの DVD を見たところです。

イル ヴィヤン ギャ デ ス デーヴェーデー
Il **vient** regarder ce DVD.
彼はこの DVD を見に来ます。

未来の表現には「単純未来」という活用が変化する時制があるけれどこちらの方が簡単、便利で使い勝手がよさそうだぞ。
活用を覚えなくて済むしね！（楽をしたい気満々のディスリス君）

確かに単純未来もありますが、近接未来とは異なるものだから、どちらも把握しなければなりませんよ。
近接未来は、時間的に現在の時点から未来のある一点に向けて行く、進む、という感じ。今の関連、連続性が明確です。　★詳しくは leçon20 を見てね。

Exercice 8-1【vrai ou faux】会話の内容と同じ場合は vrai、違う場合は faux で答えましょう。

(1) Nadine va aller à la mer ce week-end.

(2) Elle va passer ce week-end toute seule.

(3) Nadine va finir son rapport.

(4) Elle aime la nature.

vrai	faux

Exercice 8-2【近接未来形】近接未来形に書きかえましょう。

(1) Tu vois le résultat.
    voir：見る 分かる

(2) Mon père finit son travail.
    finir：終わる

(3) Vous comprenez l'explication.
    comprendre：理解する

(4) Je bois mon café.
    boire：飲む

(5) Sophie écrit un e-mail.
    écrire：書く

(6) On fait des courses.
    faire des courses 買い物をする

Exercice 8-3【近接過去形】近接過去形に書きかえましょう。

(1) Tu vois le résultat.
    voir：見る 分かる

(2) Mon père finit son travail.
    finir：終わる

(3) Vous comprenez l'explication.
    comprendre：理解する

(4) Je bois mon café.
    boire：飲む

(5) Sophie écrit un e-mail.
    écrire：書く

(6) On fait des courses.
    faire des courses 買い物をする

解答--

【Exercice 8-1】(1) faux (2) faux (3) faux (4) vrai

【Exercice 8-2】(1) Tu vas voir le résultat. (2) Mon père va finir son travail. (3) Vous allez comprendre l'explication. (4) Je vais boire mon café. (5) Sophie va écrire un e-mail. (6) On va faire des courses.

【Exercice 8-3】(1) Tu viens de voir le résultat. (2) Mon père vient de finir son travail. (3) Vous venez de comprendre l'explication. (4) Je viens de voir mon café. (5) Sophie vient d'écrire un e-mail. (6) On vient de faire des courses.

9 指示形容詞
Cette assiette, c'est combien ?
この小皿はいくらですか？

♪1-15

Isabelle **Cet après-midi**, je vais **au marché aux puces.** Tu viens avec moi ?

Naoto Bien sûr ! **Ce matin,** j'ai un cours de français. Mais après, je suis libre.

～Au marché aux puces～

Isabelle **Cette assiette,** c'est combien ?
Vendeuse 2 euros.
Isabelle Et **cette théière ?**
Vendeuse 60 euros.
Naoto Tu cherches quelque chose ?
Isabelle Je cherche une théière et de jolies assiettes.
Naoto 60 euros… Euh ! c'est un peu cher non ? Madame, vous pouvez nous faire un prix ?

ce / cette / ces	この、これらの	combien	いくらの、どのくらいの
après-midi (m)	午後	théière (f)	ティーポット
marché (m) aux puces	蚤の市	quelque chose	何か
matin (m)	朝、午前中	cher, chère	高い
libre	自由な	vous pouvez nous faire un prix ?	
assiette (f)	小皿		安くしてもらえますか？

イザベル　今日の午後、私は蚤の市に行くの。私と一緒に来る？
ナオト　もちろん！今日の午前中、フランス語の授業がある。でも、その後は自由だよ。
　　～蚤の市で～
イザベル　この小皿はいくらですか？
店員　2ユーロです。
イザベル　このティーポットは？
店員　60ユーロです。
ナオト　君は何かを探しているのかい？
イザベル　ティーポットときれいなお皿を探しているの。
ナオト　60ユーロ…うーん、ちょっと高いよね？マダム、値引きしてもらえますか？

【指示形容詞】

「この・その・あの」のように人や物を指示する形容詞です。指示形容詞が関係する名詞の性・数によって形が異なります。

男性単数	女性単数	複数
ce (cet)*	cette	ces

* 母音または無音の h で始まる男性名詞の前では cet となります。

ce + avion → cet avion　この飛行機

ce matin	今朝	cette semaine	今週
cet après-midi	今日の午後	ce mois	今月
ce soir	今晩	cette année	今年
cette nuit	今夜	cet été	今年の夏
ce vélo	この自転車	ces vélos	これらの自転車
cette voiture	この車	ces voitures	これらの車
cet homme	この男性	ces hommes	これらの男性

一般に「この〜」と訳されますが、日本語の「この・あの・その」や英語の「this・that」とは違い、話者の近くにあるものだけを示すわけではありません。区別をつけて距離感を表現する場合には、名詞の後に「**-ci-こちらの、-là あちらの**」と付け足すことができます。

Je préfère ce foulard **- ci** à ce foulard **- là**.
私は**あちらの**スカーフよりも**こちらの**スカーフのほうが好きです。
préférer A à B　：B より A のほうが好きだ。

> この、その、あの、の区別は特にない！
> フランス語は細かい決まりがある割に、突然ざっくりする！

【定冠詞の縮約】　❋ 合体＆変身！なんで突然変異するわけ！？

前置詞 à, de の後に定冠詞 le, les がくるときに限り、以下のように変化します。

à の縮約	de の縮約
à + le → **au**	de + le → **du**
à + les → **aux**	de + les → **des**

l', la は縮約しません。
例：à l'école 学校で
　　à la maison 家で

Je vais **au** Japon.
私は日本に行きます。

Il vient **du** Japon.
彼は日本から来ます。

Elle va **aux** Champs-Élysées.
彼女はシャンゼリゼ通りに行きます。

Vous venez **des** États-Unis ?
あなたはアメリカから来ているのですか？

gâteau au chocolat ガトー・オ・ショコラ
café au lait, カフェオレ
実は知っている単語に使われていることも多いですよ。

オーシャンゼリゼの「オー」はOH！ではないのか！Oh だと思って毎晩お風呂で歌っていた。

【ir 動詞（第二群規則動詞）】

不定詞の語末が ir で終わる動詞を ir 動詞（第二群規則動詞）と呼びます。複数主語の活用語尾に「ss」が入るのが特徴です。

finir 終わる・終える	
je finis	nous finissons
tu finis	vous finissez
il finit	ils finissent
elle finit	elles finissent

choisir 選ぶ	
je choisis	nous choisissons
tu choisis	vous choisissez
il choisit	ils choisissent
elle choisit	elles choisissent

同活用の動詞：例 réussir (成功する), réfléchir (よく考える), grandir (大きくなる)

同じ ir で終わる動詞でも、語尾に「ss」が入らないものもあります。

partir 出発する	
je pars	nous partons
tu pars	vous partez
il part	ils partent
elle part	elles partent

sortir 出る・外出する	
je sors	nous sortons
tu sors	vous sortez
il sort	ils sortent
elle sort	elles sortent

同活用の動詞：例 dormir (眠る), servir (奉仕する), sentir (感じる), mentir (嘘をつく)

Exercice 9-1【vrai ou faux】会話の内容と同じ場合は vrai、違う場合は faux で答えましょう。

(1) Isabelle va au supermarché.
(2) Naoto n'a pas de cours aujourd'hui.
(3) Isabelle cherche une théière et de jolies assiettes.
(4) Une théière à 60 euros n'est pas du tout chère pour eux.

vrai	faux

Exercice 9-2【冠詞の縮約】適切な前置詞、冠詞を記入しましょう。

(1) J'ai mal _____ ventre (m).
(2) Je prends un chou _____ crème (f) et une tarte _____ pommes. (f)
(3) Le salon _____ chocolat (m) va avoir lieu à Paris.
(4) J'entends le chant _____ oiseaux (m) tous les matins.
(5) J'habite à côté _____ gare (f) de Lyon.
(6) On va _____ mer. (f)
(7) Moi, je viens _____ Japon. (m)
(8) Lui, il vient _____ États-Unis. (m)

Exercice 9-3【指示形容詞】適切な指示形容詞を記入しましょう。

(1) _____ enfant 子供 (m)
(2) _____ magasin 店 (m)
(3) _____ dossiers 書類 (m)
(4) _____ cravate ネクタイ (f)
(5) _____ hommes 男 (m)
(6) _____ chaussures 靴 (f)
(7) _____ valise スーツケース (f)
(8) _____ stylo ペン (m)
(9) _____ chemise シャツ (f)
(10) _____ ordinateur パソコン (m)
(11) _____ jupe スカート (f)
(12) _____ hôtel ホテル (m)
(13) _____ manteaux コート (m)
(14) _____ pantalon ズボン (m)
(15) _____ cahiers ノート (m)
(16) _____ idée アイデア (f)
(17) _____ fleur 花 (f)
(18) _____ acteur 俳優 (m)
(19) _____ voitures 車 (f)
(20) _____ adresse 住所 (f)

解答--
【Exercice 9-1】(1) faux (2) faux (3) vrai (4) faux
【Exercice 9-2】(1) au (2) à la, aux (3) du (4) des (5) de la (6) à la (7) du (8) des
【Exercice 9-3】(1) cet (2) ce (3) ces (4) cette (5) ces (6) ces (7) cette (8) ce (9) cette (10) cet (11) cette (12) cet (13) ces (14) ce (15) ces (16) cette (17) cette (18) cet (19) ces (20) cette

▶**Exercice 9-4**【ir 動詞の活用】括弧の中に適切な活用を入れ、文を完成させましょう。

(1) Je _____ mes devoirs. (finir)

(2) Vous _____ le dessert. (choisir)

(3) Vous_____ bien. (réfléchir)

(4) On _____ ensemble. (sortir)

(5) Je _____ à mon examen. (réussir)

(6) Vous _____ ces formulaires. (remplir)

(7) Ça _____ très bon. (sentir)

(8) Tu _____ pour la France demain. (partir)

単語力アップ！ ▶ **頻度・暦にまつわる語彙** ▶

【四季 les quatre saisons】

| 春 printemps | 夏 été | 秋 automne | 冬 hiver |

「〜(季節)に」で用いられる前置詞は異なります。
春は「au」 **au** printemps　夏・秋・冬は「en」 **en** été, **en** automne, **en** hiver となります。

【月 le mois】

1月 janvier	2月 février	3月 mars	4月 avril
5月 mai	6月 juin	7月 juillet	8月 août
9月 septembre	10月 octobre	11月 novembre	12月 décembre

Je pars pour la France **en** juillet. ← 「〜月に」は **en** または **au mois de** ＋月、となります。
= **au mois de** juillet.　私は 7 月にフランスに出発します。

解答--
【Exercice 9-4】 (1) finis (2) choisissez (3) réfléchissez (4) sort (5) réussis (6) remplissez (7) sent (8) pars

【曜日 le jour de la semaine】

月曜日：lundi	火曜日：mardi	水曜日：mercredi	木曜日：jeudi
金曜日：vendredi	土曜日：samedi	日曜日：dimanche	

Ce musée est fermé **le** lundi.
美術館は毎週月曜日に閉館します。
← 「le + 曜日」は毎○曜日（=tous les ○曜日, chaque ○曜日）の意味になります。

【頻度】

toujours / tout le temps	いつも	une fois par ○○	○○毎に1回
souvent	しばしば	tous les + 男性名詞複数	毎○○
fréquemment	頻繁に	toutes les + 女性名詞複数	○○ごとに
de temps en temps	時々	tous les jours	毎日
parfois / quelquefois		chaque jour	
rarement	まれに	ne - jamais	決して～ない
ne - presque jamais	ほとんど～ない		

▶ **Exercice 9-5【副詞】** 括弧の中に適切な副詞を入れ、文を完成させましょう。

(1) Je prends du café au lait _____ _____ _____ 毎朝

(2) Il y a _____ des accidents dans ce quartier. 頻繁に

(3) Il vient au bureau en voiture _____ _____ _____ _____. 時々

(4) Nous allons jouer au golf _____ _____ _____ _____. 月に2回

(5) Pierre boit _____ du vin. まれに

(6) Ma mère est _____ souriante. いつも

解答---
【Exercice 9-5】 (1) tous les matins (2) souvent / fréquemment (3) de temps en temps (4) deux fois par mois (5) rarement (6) toujours

ミニ会話 ④　Vous allez souvent à la mer ?　❋頻繁に海へ行きますか?　♪1-16

Jean　　Vous allez souvent à la mer ?

Lucie　　Oui, très souvent. Ma sœur et moi, nous allons surfer une fois par semaine.

Jean　　Ah bon ? Vraiment toutes les semaines ?

Lucie　　Oui. Par contre, je ne vais jamais à la piscine. J'aime nager. Mais, pas dans une piscine.

Jean　　Moi, je vais à la piscine tous les samedis matins.

mer (f)	海	tout(e)(s)	すべての
surfer	サーフィンする	par contre	それに対して
une fois par	〜につき1回	piscine (f)	プール
vraiment	本当に	nager	泳ぐ

ジャン　　あなたは頻繁に海へ行きますか？

リュシー　はい。とてもよく行きます。私と妹は週に1回サーフィンをしに行きます。

ジャン　　そうなのですか？　本当に毎週ですか？

リュシー　はい。でも、私は絶対にプールには行きません。 私は泳ぐのは好きですが、プールではありません。

ジャン　　僕は毎週土曜日の朝、プールに行きます。

【余談】　　ミニ・エッセイ　"蚤の市の呪い"

　蚤の市« le marché aux puces »は、食器類、雑貨、服、絵、本、家具、など、実に多様な品ぞろえで、運が良ければ掘り出し物に巡り合うことができます。市場の活気や雑多な賑わいから、市井の人々の生き生きとした暮らしぶりを垣間見ることもできます。ただ、こうした市場では値札がついていないことが多く、お店の人に値段を聞かなければなりません。よって数字を聞き取れなければならないし、高めの値段で吹っ掛けてくる人もいるから要注意。

> - **Vous pouvez me faire un prix ?**　　（安くしてもらえますか？）
> - **Je cherche quelque chose de moins cher.**（もっと安いものを探しています）

　と、言うだけ言ってみましょう。値を下げてくれることもあるし、２つ買ったら合計金額を安くしてあげる、など別の提案をされることもあります。後はお財布と相談、です。

　ヨーロッパに限らず、こうした所に集まる古物は、どのような経緯でその市場に集められたか買い手には分からないため、「いわくつき」の品に出会ってしまうこともあります。

　私は、ベルギーのリエージュという都市に短期滞在していたとき、通りすがりの蚤の市で素敵な額縁を見つけたことがありました。木製でツタや葉の彫刻が施された趣のある額で、思わず買ってしまい、そしてその中に自分で描いた風景画を入れてベッドサイドに飾ることにしました。そこまでは良かったのですが、その額を置いた日の夜から、途端に毎晩うなされ、恐怖のあまり起きてしまうような悪夢を見るようになってしまったのです。

　最初は偶然またはストレスか何かだと思っていました、そのうち小心者の私は夜眠るのが怖くなってきました。悪夢を見る前と後の変化は、その額を飾ったか否か、だけ。迷信めいたことはあまりしたくはなかったものの、念のため、と額をベッドサイドからキッチンに移してみました。すると、途端に悪夢を見なくなってしまったのです！

　一体あれは何だったのだろう、とふと思い出すことがあります。（ちなみにその額縁はあまり好きではない人にあげてしまった）。そのせいで、観光で来た友達や家族が蚤の市に行くときには、いわくつきの品物に出会ったら即手放すように、と、かなり偏った上に大して有用でもないであろうアドバイスを、ついついしてしまう癖が抜けません。それよりも、スリに気を付けて！の注意喚起の方がはるかに有益でしょう。観光客狙いのスリがたくさんいます。

　もし盗まれたら **Au voleur !（泥棒！）** と、とりあえず叫んでみよう。私は実際に叫んで追いかけていたら、通りすがりの人がその盗人を捕まえかけてくれたことがありました。蚤の市に行かれる方は、くれぐれも貴重品と怨念にはお気を付けあれ！

10 疑問形容詞・疑問副詞
Quand est-ce que tu vas au Japon ?
君はいつ日本に行くの？

♪1-17

Georges	**Comment dit-on** « Merci » en japonais ?
Saki	On dit « Arigato ». Mais **pourquoi cette question** ?
Georges	**Parce que je voudrais voyager** au Japon.
Saki	**Quand est-ce que tu vas au Japon** ?
Georges	L'année prochaine, en juillet.
Saki	C'est super ! **Combien de jours ?**
Georges	Peut-être trois semaines. Je ne sais pas encore. Ça dépend de mon travail.
Saki	**Où est-ce que tu veux aller** exactement ?
Georges	Je voudrais visiter Kyoto ! Il y a beaucoup de monuments historiques. Pour cela, j'apprends le japonais avant d'y aller.
Saki	Bon ! « Ganbatte » !
Georges	**Qu'est-ce que ça veut dire** « Ganbatte » ?
Saki	Ça veut dire « Bon courage ou Bonne continuation » !

comment	どのように	travail (m)	仕事
dit	dire 言う	exactement	正確に
pourquoi	なぜ	monument (m)	記念碑、建造物
parce que	なぜなら	historique	歴史的な
voyager	旅行する	avant de + 不定詞	〜する前に
prochain(e)	次の	y	そこに
combien de	どのくらいの〜	veut dire	〜という意味である
sais	savoir 知る	courage (m)	勇気
ça dépend de	〜次第である	continuation (f)	継続

ジョルジュ	日本語で「Merci」はどのように言うの？	
サキ	「ありがとう」と言うの。でも、君はなぜそんな質問をするの？	
ジョルジュ	なぜなら、僕は日本を旅行したいと思っているからさ。	
サキ	いつ日本に行くの？	
ジョルジュ	来年の7月だよ。	
サキ	それは素晴らしいわ。何日間？	
ジョルジュ	おそらく3週間。まだ分からない。僕の仕事次第だね。	
サキ	正確にはどこに行きたい？	
ジョルジュ	京都に行きたいな。たくさんの歴史的な建造物があるから。そのために、行く前に日本語の勉強をしているんだ。	
サキ	そう！「がんばって！」	
ジョルジュ	「がんばって」とはどういう意味？	
サキ	「良い勇気・良い継続を」という意味よ。	

【疑問代名詞】 ✱ 英語の5W1Hと同じ。Oui, Non では答えられない質問のマストアイテム！

疑問代名詞には、主語(誰が、何が)を問う「qui」、直接目的語(誰を、何を)を問う「que」とがあります。疑問副詞には、「quand いつ」「où どこ」「comment どのように」「pourquoi なぜ」「いくつの combien 」があります。

疑問詞の位置は、疑問形の型によって下記の三通りの変化が発生します。
※leçon4 疑問形 の型①②③を参照

	主語（〜が）	直接目的補語（〜を）	属詞
qui 誰	① -なし ② **Qui est-ce qui** parle anglais ? 　誰が英語を話しますか？ ③ **Qui** parle anglais ? 　誰が英語を話しますか？	① Tu attends **qui** ? 　君は誰を待っているの？ ② **Qui est-ce que** vous attendez ? 　あなたは誰を待っていますか？ ③ **Qui** attendez-vous ? 　あなたは誰を待っていますか？	① C'est **qui** ? 　誰？ ② -なし ③ **Qui** est-ce ? 　誰ですか？
que 何	① -なし ② **Qu'est-ce qui** se passe ? 　何が起こっていますか？ 　（どうしましたか？） ③ -なし	① Tu fais **quoi*** ? 　君は何をしているの？ ② **Qu'est-ce que** vous faites ? 　あなたは何をしていますか？ ③ **Que** faites-vous ? 　あなたは何をしていますか？	① C'est **quoi*** ? 　それは何？ 　*(文末や前置詞の後で 　que は quoi に変化) ② **Qu'est-ce que** c'est ? 　それは何ですか？

「誰が」「何が」「誰を」「何を」はそれぞれ発音が似ていますので、しっかり区別しましょう。

| 【疑問副詞】 | ✽ 疑問詞を連呼すれだけでも通じるぞ！現地でのサバイバルで役立つ言葉♪ |

「いつ」「どこ」「どのように」「なぜ」「いくつの」を表す疑問副詞は、疑問代名詞と同じように三通りの言い方をすることができます。

quand いつ	あなたはいつ出発しますか？ ① Vous partez **quand** ? ② **Quand est-ce que** vous partez ? 注：quand は後ろに母音で始まる単語がくると「d」が[t]の音でリエゾン ③ **Quand** partez-vous ?
où どこに・へ	あなたはどこへ行きますか？ ① Vous allez **où** ? ② **Où est-ce que** vous allez ? ③ **Où** allez-vous ?
comment どのように	どのようにしてチケットを買えますか？ ① On peut acheter un billet **comment** ? ② **Comment est-ce qu'on** peut acheter un billet ? ③ **Comment** peut-on acheter un billet ?
pourquoi なぜ	なぜ彼女は会議を欠席するのですか？ ① Elle est absente à la réunion **pourquoi** ? ② **Pourquoi est-ce qu'elle** est absente à la réunion ? ③ **Pourquoi** est-elle absente à la réunion ? なぜなら彼女は腹痛で熱があるからです。 Parce qu'elle a mal au ventre et elle a de la fièvre. 注：pourquoi（なぜ?）→parce que（なぜなら）

combien いくつの	この本はいくらですか？ ① Ce livre coûte **combien** ? ② **Combien est-ce que** ça coûte, ce livre ? * ③ **Combien** coûte ce livre ?	いくつのタルトが欲しいですか？ 注：combien de + 名詞「いくつの、どのくらいの〜」 ① Vous voulez **combien de** tartes ? ② **Combien de** tartes **est-ce que** vous voulez ? ③ **Combien de** tartes voulez-vous ?

*Combien est-ce que ce livre coûte ? は重複して不自然な表現になります。より自然な表現は **Combien est-ce que ça coûte ?** または **Combien coûte ce livre ?** になります。

疑問代名詞は前置詞を組み合わせて用いることができます。その場合、前置詞は疑問代名詞・疑問副詞の前に置かれます。

Tu sors **avec qui** ?
誰と一緒に出掛けるの？

De quoi parlez-vous ?
何について話しているのですか？

Tu es en France **depuis quand** ?
君はいつ以来フランスにいるの？

ミニ会話⑤　　les nombres　✽ 数を問う　♪1-18

Combien coûte ce sac ?
このバッグはお幾らですか？

Il coûte 70 euros.
70ユーロです。

Tu as quel âge ?
君は何歳ですか？

J'ai 16 ans.
僕は16歳です。

Je vous dois combien ?
お幾らですか？

47 euros 50.
47ユーロ50サンティームです。

Sarah arrive à quelle heure ?
サラは何時につきますか？

Elle arrive à 20 h 45.
彼女は20時45分につきます。

単語力アップ！ ▶ 位置を表す前置詞

シェ chez	～の家に	ダン dans	～の中に	シュー sur	～の上に ～に沿って
ス sous	～の下に	ドゥヴァン devant	～の前に	デエー derrière	～の後ろに
アントゥ エ entre A et B	AとBの間に	ア コテ ドゥ à côté de	～の隣に	ア ドゥワットゥ ドゥ à droite de	～の右に
ア ゴーシュ ドゥ à gauche de	～の左に	アン ファス ドゥ en face de	～の正面に		

▶**Exercice 10-1**【vrai ou faux】会話の内容と同じ場合は vrai、違う場合は faux で答えましょう。

(1) Georges étudie le japonais pour travailler au Japon.

(2) Georges va partir pour le Japon la semaine prochaine.

(3) Georges va rester au Japon pendant un an.

(4) Georges aime les monuments historiques.

vrai	faux

▶**Exercice 10-2**【疑問詞】イタリック体の部分を問う疑問文を
① イントネーション ② est-ce que/ est-ce qui ③ 倒置、の三つのパターンを作ってください。

(1) Je prends *un steak tartare* comme plat.

　①（tu で）_____ comme plat ?

　②（vous で）_____ comme plat ?

　③（vous で）_____ comme plat ?

(2) Il y a *un accident d'une voiture* dans la rue.

　①_____ dans la rue ?

　②_____ dans la rue ?

　③_____ dans la rue ?

(3) Il vient à la cérémonie *en voiture*.

① _____ à la cérémonie ?

② _____ à la cérémonie ?

③ _____ à la cérémonie ?

(4) Nous avons *6* enfants.

① _____ ?

② _____ ?

③ _____ ?

(5) Il habite *au Sénégal*.

① _____ ?

② _____ ?

③ _____ ?

(6) Nous partons *après-demain*.

① _____ ?

② _____ ?

③ _____ ?

(7) J'étudie le français *pour travailler au Maroc*. (tu で)

① _____ ?

② _____ ?

③ _____ ?

(8) *Diane* parle bien japonais.

① _____

② _____

▶**Exercice 10-3** 【疑問詞】　日本語にあう前置詞と疑問詞を記入しましょう。

(1) _____ _____ sortez-vous ?　　　　　誰と一緒に

(2) Tu étudies le français _____ _____ ?　いつから

(3) _____ _____ parlez-vous ?　　　　　何について

(4) Cette valise est _____ _____ ?　　　誰のもの？

(5) Il va rester en Belgique _____ _____ ?　いつまで

▶**Exercice 10-4** 【前置詞】　イラストのクロネコの位置を、フランス語で説明してみましょう。

Où est le chat noir ? → Il est ○○○ le lit.　:lit：ベッド

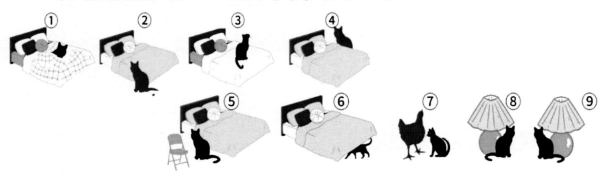

(1) Il est _____ le lit.(中に)　　　(2) Il est _____ le lit.

(3) Il est _____ le lit.　　　　　　(4) Il est _____ le lit.

(5) Il est _____ le lit et la chaise.　(6) Il est _____ le lit.

(7) Il est ___ _____ ___ la poule.　(8) Il est ___ _____ ___ la lampe. (右)

(9) Il est ___ _____ ___ la lampe. (左)

解答------------------------------------
〔Exercice 10-1〕(1) faux (2) faux (3) faux (4) vrai
〔Exercice 10-2〕(1) ① Tu prends quoi ② Qu'est-ce que vous prenez ③ Que prenez-vous (2) ① Il y a quoi ② Qu'est-ce qu'il y a ③ Qu'y-a-t-il (3) ① Il vient comment ② Comment est-ce qu'il vient ③ Comment vient-il (4) ① Vous avez combien d'enfants ? ② Combien d'enfants est-ce que vous avez ? ③ Combien d'enfants avez-vous ? (5) ① Il habite où ? ② Où est-ce qu'il habite ? ③ Où habite-t-il ? (6) ① Vous partez quand ? ② Quand est-ce que vous partez ? ③ Quand partez-vous ? (7) ① Tu étudies le français pourquoi ? ② Pourquoi est-ce que tu étudies le français ? ③ Pourquoi étudies-tu le français ? (8) ① Qui parle bien japonais ? ② Qui est-ce qui parle bien japonais ?
〔Exercice 10-3〕(1) Avec qui (2) depuis quand (3) De quoi (4) à qui (5) jusqu'à quand
〔Exercice 10-4〕(1) dans (2) devant (3) sur (4) derrière (5) entre (6) sous (7) à côté de (8) à droite de (9) à gauche de

【余談】　ミニ・エッセイ　" フレンチトイレ・マッスル !? "

　フランスに住んでいたときには無自覚でしたが、日本からフランスへ出張等で短期滞在すると、必ず「望まない土産」をもらって帰国します。それは筋肉痛。歩き疲れによるものでは決してありません。個人的には「トイレ・マッスル」と呼んでいますが、文字通り、トイレを済ませることにより図らずしも鍛えられてしまった筋肉のことを指します。

　ご存じの方も多いですが、フランスのトイレは衛生的とは言えません。数が圧倒的に少ない上に、実にしばしば便座がないのです。[1]最近は便座一体型、というモデルもありますが、いずれにしても、決して潔癖症ではない私でも直に座りたいとは思えないし、実際にそう思う人は多くいます。そして、それをいかに乗り越える（？）かは、個人の創意工夫次第となります。

- 開き直ってそのまま座る
- 紙で拭いてから便座に座る、又は紙を敷いて便座に座る
- 便器の上に立ってしゃがむ
- トイレ除菌用ティッシュで拭いてから使う

　私は、専ら除菌用ティッシュで念のため拭いて（万が一の保険）、さらに空気椅子スタイルをとる、という混合技を用いています。もちろん足腰に負担がかかるため、繰り返しているうちに太腿の筋肉と膝を支える筋肉が鍛えられてしまうのです。フランスに住んでいたときは、それに慣れてしまったせいか意識をしていませんでした。しかし日本に住みつつフランスに定期的に短期滞在するようになってから、帰国するころになると臀部、腿、膝周りの筋肉がコリコリと固くなり、わずかばかり「トイレ・マッスル」で逞しくなった挙句、筋肉痛を覚えます。望んでもいないのについてしまった筋肉をさすり、筋肉痛を持て余しながら帰国便に乗る羽目になるのです。

　こうしたフランスのトイレ事情の様々な苦労や不便さゆえに、フランスのトイレネタは巷にあふれています。それは現代だけでなく、歴史をもさかのぼります。例えば「ベルサイユにはトイレがなかった」とか「ハイヒールは道端に捨てられた汚物をよけるために生まれた」とか。まことしやかに言われがちですが、実はどちらも事実ではありません。少々調べれば正確な情報はすぐに見つかるにもかかわらず繰り返し言われ続けるのは、こうした下世話なテーマに、つい好奇心を刺激されてしまう人間の性なのかもしれません。

---

[1] 便座がない理由として
- 座らない方が衛生的という考えから、根本的に座れない形状にするため
- 清掃員がスムーズに掃除をできるため
- 公共のものを綺麗に使うモラルはあまり高くないので、雑に扱われてすぐに壊されるから　等の理由がある。

１７世紀から１８世紀にかけて、ルイ１４世統治下のヴェルサイユ宮殿では、宮殿内の回廊や屋外の庭で「致す」高貴な方々も多くいました。排泄物がポイポイと庭園に捨てられていたのも事実であり、実際１７１５年には、ヴェルサイユ宮殿の回廊に落ちている排泄物は週に１回除去されなければならない、という条例が布告されるほどでした[2]。とはいえベルサイユ宮殿にトイレは存在しました。それは小部屋のような造りで、使用者は下に便器のついた布張りの椅子に座り、用を足しながら爪を磨いたり化粧をしたり、各々くつろぎのひと時を過ごすのでした。その際の身だしなみアイテムは、トイレ椅子の横に置かれた台の上に小さな布を敷き、そこに並べました。フランス語で布は「la toile」。これに「小さな」を表す接尾辞「-ette」をつけると「la toilette」。元々は身だしなみアイテムを置く布を意味していたのです[3]。

　ちなみにこの接尾辞が用いた単語として

- le sac（バッグ、袋） → le sachet （小さい袋）
- la vague（波） → la vaguelette（さざ波）
- l'opéra（オペラ） → l'opérette（小歌劇）
- la table（板、テーブル） → la tablette（小さな板状のもの）

など、馴染みある言葉もあります。

　下水道が整っていない街中では、人々は室内のおまるで用を足していました。部屋の汚水は定められた場所に捨てるよう決められていたものの、皆が面倒くさがり、窓から「気を付けて！」と外に向かって叫んでから、ざざーっと外に捨てていたというから驚きです。他人の糞尿が空から降ってくる、なんとも壮絶な世界ではありませんか。当然、投げ捨てられた汚物は路上に蓄積されていきます。それを踏まないように考案されたのが「ハイヒール」と言われがちですが、実はこれも、服飾史研究の諸説あるうちの一つにすぎません。ハイヒールの由来と本来の目的は別にあり[4]、汚物除け機能は付随的な価値に過ぎなかったという説が多く見受けられます。

---

[2] キャスリン・アイシェンバーグ『不潔の歴史』鎌田彷月訳　原書房(2008), p 111

[3] 田桐正彦『フランス語 語源こぼれ話』(1998), p121

[4] ハイヒールの起源の定説は定まっていない。西アジアの騎兵が鐙に足をかけやすくするために作られた踵付きの靴が起源と言われる。また15世紀にトルコ、西アジアを発祥とする厚底の靴「チョピン」がヨーロッパに流行した。これは糞除けというよりは、室内でドレスを身に着けたときに足長に見せるための元祖シークレットシューズであり、貴族の女性や高級娼婦用のアイテムだった。そこからハイヒールへと転じていったとも言われる。

考えてもみてください。捨てられたものは自然分解されることもなく、ひたすらに蓄積されていくのだから、ハイヒール程度で逃れられるような生易しい量ではないのです。なんといっても、糞尿にまみれた汚水の川と化した通りで淑女を担いで運ぶという「渡し屋」という職業があったくらいなのですから。

　こうした歴史の一幕からすれば、現在のフランスの衝撃的トイレ事情も無理もないとも思ってしまいます。私たちの「生活感覚」は何百年も培われてきた習慣の上に形成されているからこそ、簡単には変わりません。特に衛生観念や生理的な抵抗感は理屈で解消されるものでもないため、容認するのも苦労を要するものです。異文化に身を置いたとき、自国の生活感覚から生じる生理的嫌悪を乗り越えられるかどうか、それがその異文化にどの程度溶け込んだかを測る、ある種のバロメーターなのかもしれませんね。

【様々な動詞活用】　第3群規則動詞 =「その他いろいろ」の総称だよ

　第3群規則動詞は er 動詞、ir 動詞以外の不規則活用動詞の総称で、活用が最も不規則で多様な動詞群です。学習者にとっては難易度が高い部分ですが、頻繁に使われる動詞も多いため、しっかりと覚えることがフランス語の習得には欠かせません。

【基本動詞】と【派生動詞】

　ここで、「基本動詞」と「派生動詞」を結び付けて覚えてみましょう。基本動詞は、大元の意味になる動詞、派生動詞は、基本の動詞から接頭辞や接尾辞を付け加えて派生する動詞のことです。

派生動詞を覚える利点として、下記が挙げられます。

> - 派生動詞の接頭辞の意味を理解することで、動詞の意味を推測しやすくなる
> - 派生動詞の活用形は元の動詞に基づくことが多く、基本動詞の活用をそのまま使える

以下にいくつかの基本動詞とそれらから派生した動詞の例を示します。

基本動詞	派生動詞	構成
prendre（取る）の派生動詞	comprendre（理解する） apprendre（学ぶ）	: com-（共に）+ prendre : ap-（〜に向かって）+ prendre
mettre（置く）の派生動詞	permettre（許可する） promettre（約束する）	: per-（通じて）+ mettre : pro-（前に）+ mettre
faire（する）の派生動詞	défaire（解く、壊す） refaire（やり直す）	: dé-（否定、取り消し）+ faire : re-（再び）+ faire
voir（見る）の派生動詞	revoir（再び見る） prévoir（予見する）	: re-（再び）+ voir : pré-（前に）+ voir
lire（読む）の派生動詞	relire（再読する） élire（選ぶ）	: re-（再び）+ lire : é-（〜の外に）+ lire
écrire（書く）の派生動詞	inscrire（記入する） transcrire（書き写す）	: in-（中に）+ écrire : trans-（越えて）+ écrire

　そのほかの「-dre」型動詞、「-re」型動詞、「-oir」型動詞、など、不規則な変化が多く、特に語幹の変化に注意が必要です。

【様々な動詞活用】語幹の変化

活用を覚えるポイントは、共通点と相違点を確認しながら学ぶと効果的です。その一つとして「語幹の変化」に注目することが重要です。それらをいくつかのパターンに分類しながら見ていきましょう。

A：語幹がすべて同じ	
je	nous
tu	vous
il	ils
elle	elles

B：単数主語・複数主語で異なる	
je	nous
tu	vous
il	ils
elle	elles

C：「nous vous」「ils elles」が、それぞれ異なる	
je	nous
tu	vous
il	ils
elle	elles

D：単数主語と ils elles が同じ	
je	nous
tu	vous
il	ils
elle	elles

活用は、覚えては忘れ、また覚えては忘れ、の繰り返し。
忘れる自分に落ち込んだら負け！です
明るく楽しく、何度でも覚える、だよ！

これらのパターンに沿って色分けすると、このようになります。

アタンドゥ attendre 待つ	A
j'**attend**s	nous **attend**ons
tu **attend**s	vous **attend**ez
il **attend**	ils **attend**ent
elle **attend**	elles **attend**ent

デサンドゥ descendre 降りる	A
je **descend**s	nous **descend**ons
tu **descend**s	vous **descend**ez
il **descend**	ils **descend**ent
elle **descend**	elles **descend**ent

mettre 置く、入れる、着る、など B
メットゥ

je **met**s	nous **mett**ons
tu **met**s	vous **mett**ez
il **met**	ils **mett**ent
elle **met**	elles **mett**ent

lire 読む B
リー

je **li**s	nous **lis**ons
tu **li**s	vous **lis**ez
il **li**t	ils **lis**ent
elle **li**t	elles **lis**ent

écrire 書く B
エクリー

j'**écri**s	nous **écriv**ons
tu **écri**s	vous **écriv**ez
il **écri**t	ils **écriv**ent
elle **écri**t	elles **écriv**ent

prendre 取る、乗る、注文する、等 take C
プロンドゥ

je **prend**s	nous **pren**ons
tu **prend**s	vous **pren**ez
il **prend**	ils **prenn**ent
elle **prend**	elles **prenn**ent

apprendre 習う、学ぶ (prendre 型・例) C
アプロンドゥ

j'**apprend**s	nous **appren**ons
tu **apprend**s	vous **appren**ez
il **apprend**	ils **apprenn**ent
elle **apprend**	elles **apprenn**ent

boire 飲む C
ボワー

je **boi**s	nous **buv**ons
tu **boi**s	vous **buv**ez
il **boi**t	ils **boiv**ent
elle **boi**t	elles **boiv**ent

faire する、つくる C (vous のみ例外)
フェー

je **fai**s	nous **fais**ons
tu **fai**s	vous **fait**es
il **fai**t	ils **font**
elle **fai**t	elles **font**

dire 言う C (vous のみ例外)
ディー

je **di**s	nous **dis**ons
tu **di**s	vous **dit**es
il **di**t	ils **dis**ent
elle **di**t	elles **dis**ent

voir 見る、会う D
ヴォワー

je **voi**s	nous **voy**ons
tu **voi**s	vous **voy**ez
il **voi**t	ils **voi**ent
elle **voi**t	elles **voi**ent

croire 信じる D
クロワー

je **croi**s	nous **croy**ons
tu **croi**s	vous **croy**ez
il **croi**t	ils **croi**ent
elle **croi**t	elles **croi**ent

▶**Exercice 10-4** 【様々な動詞の活用】下線部に適切な活用を入れ、文を完成させましょう。

(1) Qu'est-ce que vous _____ ici ?
        - Je _____ de la peinture.　(faire)

(2) Vous ne _____ pas de manteau ?
        - Non. Mais je _____ une veste. (mettre)

(3) Vous _____ un bain tous les soirs ?
        - Non. Mais, je _____ une une douche chaque matin. (prendre)

(4) Tu _____ au prochain arrêt ?
        - Non, je _____ au terminus. (descendre)

(5) Vous _____ ?
        - Non, je ne _____ rien. (comprendre)

(6) Qu'est-ce que vous _____ ?
        - J'_____ le français. (apprendre)

(7) Vous _____ le bus ?(prendre)
        - Non, je_____ à pied. (aller)

(8) Je _____ que c'est ma faute.
        - Vous le _____ ? (croire)

(9) Qu'est-ce qu'ils _____ ?(faire)
        - Ils _____ des mangas. (lire)

(10) Vous _____ un taxi ?
        - Non, j'_____ mon mari ici. (attendre)

(11) Vous _____ un paysage magnifique d'ici ? (voir)
        - Non. Nous ne _____ rien d'ici à cause du brouillard ! (voir)

(12) Vous _____ du sucre dans votre café ?
        - Non, je ne _____ ni de sucre ni de lait. (mettre)

解答--
【Exercice 10-4】(1) faites / fais (2) mettez mets (3) prenez / prends (4) descends / descends (5) comprenez / comprends (6) apprenez / apprends (7) prenez / vais (8) crois / croyez (9) font / lisent (10) attendez / attends (11) voyez / voyons (12) mettez / mets

ミニ会話 ⑥-1　À Monoprix　❋トイレはどこですか？(モノポリにて) ♪1-19

- Excusez-moi. Où sont les toilettes ?
- Dans ce magasin, les toilettes sont réservées aux employés. Vous ne pouvez pas les utiliser.
- Mais c'est pour mon enfant. C'est urgent !
- Il y a des toilettes publiques dans la rue. Sinon allez dans un café.

réservé(e) à	〜専用の
employé(e)	従業員
urgent	緊急の
public, publique	公共の
sinon	そうでなければ

モノプリ（フランスの代表的なスーパー）にて

-すみません。トイレはどこですか？
-この店ではトイレは従業員専用です。あなたは使用できません。
-ですが子供のためなのです。急を要します。
-街中に公衆トイレがあります。そうでなければカフェに行って下さい。

ミニ会話 ⑥-2　Dans un McDonald's　❋トイレはどこですか？(モノポリにて) ♪1-20

- Excusez-moi. Où sont les toilettes ?
- Vous avez un reçu ? Vous avez acheté quelque chose ?
- Oui, pourquoi ?
- Le code de la porte des toilettes est marqué sur le reçu. Avec ce code, vous pouvez ouvrir la porte.

reçu (m)	レシート
acheté	acheter 買う：過去分詞
quelque chose	何か〜なもの
code (m)	暗証番号
porte (f)	ドア
marqué sur	〜に記載された
ouvrir	開ける

マクドナルドにて

-すいません、トイレはどこですか？
-レシートをお持ちですか？何か購入しましたか？
-はい、なぜですか？
-トイレのドアコードがレシートに書かれています。そのコードでドアを開けられますよ。

単語力アップ！　▶ 数字　20以上の数字 ▶

数	フランス語	数	フランス語	数	フランス語
20	vingt (ヴァン)	50	cinquante (サンカントゥ)	80	quatre-vingt(s)* (カトゥヴァン)
21	vingt-et-un (ヴァンテアン)	51	cinquante-et-un (サンカンテアン)	81	quatre-vingt-un (カトゥヴァンアン)
22	vingt-deux (ヴァントドゥ)	52	cinquante-deux (サンカントゥドゥ)	82	quatre-vingt-deux (カトゥヴァンドゥ)
23	vingt-trois (ヴァントトロワ)	53	cinquante-trois (サンカントゥトロワ)	83	quatre-vingt-trois (カトゥヴァントロワ)
30	trente (トロントゥ)	60	soixante (スワサントゥ)	90	quatre-vingt-dix (カトゥヴァンディス)
31	trente-et-un (トロンテアン)	61	soixante-et-un (スワサンテアン)	91	quatre-vingt-onze (カトゥヴァンオンズ)
32	trente-deux (トロントゥドゥ)	62	soixante-deux (スワサントゥドゥ)	92	quatre-vingt-douze (カトゥヴァンドゥーズ)
33	trente-trois (トロントゥトロワ)	63	soixante-trois (スワサントゥトロワ)	93	quatre-vingt-treize (カトゥヴァントレーズ)
40	quarante (カロントゥ)	70	soixante-dix (スワサントゥディス)	100	cent (サン)
41	quarante-et-un (カロンテアン)	71	soixante-et-onze (スワサンテオンズ)	200	deux cent(s)** (ドゥサン)
42	quarante-deux (カロントゥドゥ)	72	soixante-douze (スワサントゥドゥーズ)	1000	mille (ミル)
43	quarante-trois (カロントゥトロワ)	73	soixante-treize (スワサントゥトレーズ)	2000	deux mille*** (ドゥミル)
				10000	dix mille*** (ディミル)

quatre-vingt の語尾の s は、一の位に数字があるときにはつきません。

0の倍数のみのときは語尾に s がつきますが、端数があるときは s はつきません。

200：deux cent**s**, 300：trois cent**s**, 203： deux cent trois

には複数の s がつきません。

Chapitre 2

Chapitre2 では、Chapitre1 で学んだことを踏まえてステップアップを目指します。

- より丁寧な言い回し　～していただけますか？～してもよいですか？ など
- 時間、天気の表現　　何時に出発しなければなりませんか？ 今日は雨です など
- 数量や単位の表現　　～を100グラムください、ワインを1杯ください など
- 比較級、最上級　　　こちらの方がより大きいですね、これが一番安いです など
- 過去形／未来形　　　現在形以外の時制

文の構成も少し複雑になります。留学や赴任など、現地で長期の生活を要な知識です。引き続き、頑張っていきましょう！

単語力アップ！ ▶ 数字　20以上の数字 ▶

20	vingt	50	cinquante	80	quatre-vingt(s)*
21	vingt-et-un	51	cinquante-et-un	81	quatre-vingt-un
22	vingt-deux	52	cinquante-deux	82	quatre-vingt-deux
23	vingt-trois	53	cinquante-trois	83	quatre-vingt-trois
30	trente	60	soixante	90	quatre-vingt-dix
31	trente-et-un	61	soixante-et-un	91	quatre-vingt-onze
32	trente-deux	62	soixante-deux	92	quatre-vingt-douze
33	trente-trois	63	soixante-trois	93	quatre-vingt-treize
40	quarante	70	soixante-dix	100	cent
41	quarante-et-un	71	soixante-et-onze	200	deux cent(s)**
42	quarante-deux	72	soixante-douze	1000	mille
43	quarante-trois	73	soixante-treize	2000	deux mille***
				10000	dix mille***

*　quatre-vingt の語尾の s は、一の位に数字があるときにはつきません。
**　100の倍数のみのときは語尾に s がつきますが、端数があるときは s はつきません。
　　　例）200：deux cent**s**, 300：trois cent**s**, 203： deux cent trois
***　mille には複数の s がつきません。

Chapitre2

　Chapitre2 では、Chapitre1 で学んだことを踏まえてステップアップを目指します。

- より丁寧な言い回し　　〜していただけますか？〜してもよいですか？ など
- 時間、天気の表現　　　何時に出発しなければなりませんか？ 今日は雨です など
- 数量や単位の表現　　　〜を100グラムください、ワインを1杯ください など
- 比較級、最上級　　　　こちらの方がより大きいですね、これが一番安いです など
- 過去形/未来形　　　　　現在形以外の時制

　文の構成も少し複雑になります。留学や赴任など、現地で長期の生活をするための土台となる必要な知識です。引き続き、頑張っていきましょう！

表現力アップ！　便利準助動詞 3 兄弟! Pouvoir, Vouloir, Devoir の活用と用法

　　ここでは準助動詞（semi-auxiliaire）とその用法について学びます。準助動詞は、他の動詞と組み合わせて特定の意味を表現する動詞です。

非常によく使われる準助動詞　例

- pouvoir　（英語の can, may に相当）
- devoir　　（英語の must, have to に相当）
- vouloir　（英語の want に相当）

日常で広く使用される、下記の動詞の活用と用法を見ていきましょう。

pouvoir		vouloir		devoir	
ジュ プ je peux	ヌ プヴォン nous pouvons	ジュ ヴ je veux	ヌ ヴロン nous voulons	ジュ ドワ je dois	ヌ ドゥヴォン nous devons
テュ プ tu peux	ヴ プヴェ vous pouvez	テュ ヴ tu veux	ヴ ヴレ vous voulez	テュ ドワ tu dois	ヴ ドゥヴェ vous devez
イル プ il peut	イル プーヴ ils peuvent	イル ヴ il veut	イル ヴール ils veulent	イル ドワ il doit	イル ドワーヴ ils doivent
エル プ elle peut	エル プーヴ elles peuvent	エル ヴ elle veut	エル ヴール elles veulent	エル ドワ elle doit	エル ドワーヴ elles doivent

【pouvoir】　動詞と組み合わせて、可能性や許可を示します。

~してもらえますか?	Vous pouvez + 不定詞, s'il vous plaît ? Tu peux + 不定詞, s'il te plaît ?
~していいですか? ~しましょうか?	Je peux + 不定詞~ ?

　　ヴ プヴェ メ デ　　　　　　　　　ジュ プ ヴ ゼデ
　Vous pouvez m'aider ?　　　**Je peux vous aider ?**
　手を貸してもらえますか?　　　　お手伝いしましょうか?

【vouloir】 動詞と組み合わせて、意思や希望を示します。

～がしたいのですが ～を頂きたいのですが	Je voudrais + 不定詞 Je voudrais + 名詞
～したいですか？ ～してくれますか？ ～をいかがですか？	Tu veux / Vous voulez + 不定詞 ～？ Tu veux / Vous voulez + 不定詞 ～？ Tu veux / Vous voulez + 名詞～？

ジュ ヴ ド ⓡ ⓡゼⓣヴェ ユヌ ターブル プー ⓣ ドゥー ペ ⓣ ソンヌ
Je voudrais réserver une table pour deux personnes.
2名用のテーブルを予約したいのですが。

ヴ レ ヴ ザンポ ⓣ テ ヴォートⓣ プラ
Voulez-vous emporter votre plat ?
料理をテイクアウトされたいですか？

【devoir】 動詞と組み合わせて、義務や必要性を示します。

～しなければなりません	Je dois + 不定詞 Vous devez + 不定詞

義務の否定は2種類あります

～してはいけません	Je ne dois pas + 不定詞 Vous ne devez pas + 不定詞
～する必要はありません	Je n'ai pas besoin de + 不定詞 Vous n'avez pas besoin de + 不定詞

ジュ ドワ パⓣティーⓣ プー ⓣ ラ フⓐンス
Je dois partir pour la France.
私はフランスに出発しなければならない。

オ ヌ ドワ パ テレフォネ ダン ザンノピタル
On ne doit pas téléphoner dans un hôpital.
(人々は) 病院内で電話をしてはいけない。

ヴ ナヴェ パ ブゾワンドゥ ペイエ アン ネスペス
Vous n'avez pas besoin de payer en espèce.
あなたは現金で支払う必要はない。

11 準助動詞 Pouvoir, Vouloir, Devoir 1
Vous devez aller à l'aéroport.
あなたは空港に行かなければならないのですね。

♪2-1

Marie	**Vous voulez faire une pause-café** avec nous, Monsieur Guichard ?
M. Guichard	Merci, c'est très gentil. Mais **je ne peux pas. Je dois aller chercher mon client** à l'aéroport.
Marie	Ah ! **Vous devez aller à l'aéroport.** Et vous, Madame Cadet, **vous voulez venir** avec nous ?
Mme Cadet	Avec plaisir ! **Je voudrais** faire une pause.
Marie	Bon, on y va !

pause-café (f)	コーヒーブレイク	pause (f)	休憩
aéroport (m)	空港	client(e)	客、クライアント
avec plaisir	喜んで	on y va	行きましょう

マリ　　　　ギシャールさん、私たちと一緒にコーヒーブレイクをしたいですか？
ギシャール氏　ありがとうございます、ご親切に。でもできません。クライアントを空港に迎えに行かなければならないのです。
マリ　　　　ああ！ あなたは空港に行かなければならないのですね。カデさん、あなたは私たちと一緒に行きたいですか？
カデ氏　　　喜んで。私は休憩したいです。
マリ　　　　では、行きましょう！

12 準助動詞 Pouvoir, Vouloir, Devoir 2
Je voudrais savoir si tu peux garder mes chats.
私の猫を預かってくれるかどうか知りたいのだけれど。

♪2-2

Hélène　Est-ce que tu es occupé la semaine prochaine ?

Jean　Non, pourquoi ?

Hélène　Parce que **je dois partir** en Espagne après-demain et **je voudrais savoir** si tu peux garder mes chats.

Jean　Pas de problème ! **Tu peux compter** sur moi. Tu pars en vacances ?

Hélène　Non. J'ai une réunion urgente avec mes clients à Barcelone.

Jean　Tu es trop chargée, non ? À mon avis, **tu dois prendre** tes vacances.

occupé(e)	忙しい	compter sur	～を当てにする、頼る
après-demain (m)	明後日	réunion (f)	会議、集会
si	～かどうか	chargé(e)	忙しい
garder	預かる、守る	urgent(e)	緊急の
chat	猫	avis (m)	意見
pas de problème	問題ない	prendre ses vacances	ヴァカンスを取る

エレーヌ　来週君は忙しいかしら？
ジャン　いや、なぜ？
エレーヌ　なぜなら明後日からスペインに行かなければならなくて、私の猫たちを預かってもらえるかどうか知りたいの。
ジャン　問題ない。僕を頼ってくれていいよ。君は休暇を取るのかい？
エレーヌ　いいえ。バルセロナの顧客と緊急のミーティングがあるのよ。
ジャン　君は忙しすぎる。違うかい？ 僕の意見では、君は休暇を取るべきだ。

ミニ会話 ⑦　Dans une boutique　❋試着してもいいですか？　♪2-3

- Je peux essayer ce pantalon ?
- Bien sûr, monsieur. La cabine est au fond.
- Il est juste à ma taille. Je vais le prendre.
- Très bien.
- Vous acceptez l'American Express ?
- Non, désolée monsieur. On n'accepte que la Visa ou la Mastercard.

- このズボンを試着していいですか？
- もちろんですよ。試着室は奥にあります。
- ちょうど私のサイズにピッタリです。これを頂きます。
- かしこまりました。
- アメリカンエクスプレスは受け付けますか？
- いいえ、申し訳ありません。VisaかMastercardしか使えません。

essayer	〜を試す
pantalon (m)	ズボン
cabine (m)	試着室
au fond	奥に
juste	ちょうど
taille (f)	サイズ
accepter	受け入れる

ミニ会話 ⑧　Après le dîner　❋チーズをいかがですか？　♪2-4

- Vous voulez encore du fromage ?
- Non, merci.
- Allez, un petit morceau.
- Non, vraiment. J'ai bien mangé.
- Vous voulez prendre du café ?
- Oui, je veux bien.

- もっとチーズをいかがですか？
- いいえ、結構です。
- さあ、もう一かけらどうぞ。
- いいえ、本当に。私はたくさんいただきました。
- コーヒーいかがですか？
- はい、いただきます。

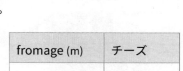

fromage (m)	チーズ
morceau (m)	一かけら

ミニ会話 ⑨　Dans la rue　❋写真をとってもらえますか？　♪2-5

- Excusez-moi, madame.
- Oui ?
- Vous pouvez nous prendre en photo ?
- Bien sûr. Euh…comment on fait ?
- Vous pouvez appuyer sur ce bouton, ici, s'il vous plaît.

- すみません、マダム。
- はい？
- 私たちを写真にとってもらえますか？
- もちろんです。…ええと、どうするの？
- このボタンを押してください。

appuyer sur	～を押す
bouton (m)	ボタン

すぐに使えるワンフレーズ

Je peux goûter ?
味見してもいいですか？

Je peux toucher ?
触ってもいいですか？

Bien sûr ! もちろん。
Allez-y ! どうぞ。

Desolée, mais ce n'est pas possible.
すみませんが、できません。

Je peux vous aider ?
お手伝いしましょうか？＝いらっしゃいませ。

Vous désirez ?
お求めですか？＝いらっしゃいませ。

Je regarde **seulement**.
見ているだけです。ありがとう。

Je peux essayer ?
試着していいですか？

Je vais **réfléchir**, merci.
考えてみます。ありがとう。

▶**E**xercice 11/12-1【vrai ou faux】 会話の内容と同じ場合は vrai、違う場合は faux で答えましょう。

dialogue -11

(1) M.Guichard n'a pas de temps à prendre une pause.

(2) M.Guichard doit aller à la gare.

(3) Mme Cadet part avec M.Guichard.

(4) Mme Cadet veut prendre une pause.

dialogue -12

(5) Hélène veut savoir si Jean peut garder ses chiens.

(6) Jean est libre la semaine prochaine.

(7) Hélène doit partir pour l'Espagne ce soir.

(8) Jean pense qu'Hélène ne travaille pas beaucoup.

vrai	faux

vrai	faux

▶**E**xercice 11/12-2 【準助動詞】 括弧の中の動詞を適切な形に活用し、訳しましょう。

(1) Je _____ vous aider ? (pouvoir)
_____

(2) Que _____ - vous ? (vouloir)
_____

(3) Elle _____ rentrer en France. (devoir)
_____

(4) Vous _____ boire quelque chose. (devoir)
_____

(5) On _____ _____ _____ ce livre. (avoir besoin de)
_____

(6) Tu ne _____ pas oublier ton passeport. (devoir)
_____

(7) Tu _____ encore du café ? (vouloir)
_____

(8) Les étudiants _____ utiliser la réduction. (pouvoir)
_____

▶ **Exercice 11/12-3**【準助動詞】応答文の斜体部分を問う疑問形を、「倒置形」で作りましょう。

動詞は右の枠内から選んでください。 | pouvoir / devoir / vouloir / avoir besoin de |

(1) （主語 vous を用いて）
_____ ?
-Bien sûr, je peux *parler moins vite.*

(2) (nous)
_____ ?
- Non, vous ne devez pas *téléphoner ici.*

(3) (on)
_____ ?
- Non, on n'a pas besoin de *laisser un pourboire.*

(4) (vous)
_____ ?
- Je voudrais *un café*, s'il vous plaît.

(5) (je)（現金で en espèce）
_____ ?
- Désolé, vous ne pouvez *payer* que par carte.

(6) (vous)
_____ ?
- Oui, j'ai besoin de *ce médicament.*

(7) (on)
_____ ?
- Oui, on doit *laisser une caution pour la location.*

(8) (vous)
_____ ?
- Oui, je peux vous *aider* avec plaisir.

解答--
【Exercice 11/12-1】(1) vrai (2) faux (3) faux (4) vrai (5) vrai (6) vrai (7) faux (8) faux
【Exercice 11/12-2】(1) peux お手伝いしましょうか。(2) voulez 何が欲しいですか。(3) doit 彼女はフランスに戻らなければならない。(4) devez あなたは何か飲まなければならない。(5) a besoin de 私たちはこの本が必要だ。(6) dois 君はパスポートを忘れてはいけない。(7) veux もっとコーヒーが欲しいかい？ (8) peuvent 学生たちは割引を使うことができる。
【Exercice 11/12-3】(1) Pouvez-vous parler moins vite ? (2) Pouvons-nous téléphoner ici ? (3) Doit-on laisser un pourboire ? (4) Que voulez-vous ? (5) Puis-je payer en espèce ? (6) Avez-vous besoin de ce médicament ? (7) Doit-on laisser une caution pour la location ? (8) Pouvez-vous m'aider ?

13 非人称主語を伴う動詞
Il fait beau depuis le début du mois de juin.
6月初旬以来、良い天気ですね。

♪2-6

Ayaka : Quel beau temps ! **Il fait beau** depuis le début du mois de juin.

Théo : En France, **il fait beau** en juin et en juillet. Mais **il y a trop de soleil** en août. **Il fait très chaud.**

Ayaka : Au Japon, **il y a la saison des pluies** en juin. **Il pleut** toute la journée, tous les jours pendant un mois. C'est vraiment ennuyeux. **Il fait humide** aussi.

Théo : **Il faut bien profiter du beau temps**. On va aller au Jardin du Luxembourg !

Ayaka : C'est sympa. Mais, **quelle heure est-il ?**

Théo : **Il est midi moins le quart.**

Ayaka : Le cours de français va commencer à 13h30. Désolée, mais **il faut partir** tout de suite.

quel (s/le/les)	なんて〜でしょう(感嘆)	il fait ＋ 形容詞	天気が〜である
début (m)	始まり	humide	湿気がある
soleil (m)	太陽	il faut	falloir しなければならない (il の活用形)
chaud(e)	熱い、暑い	profiter de	〜を満喫する
pluie (f)	雨	midi (m)	正午
il pleut	pleuvoir 雨が降る	heure (f)	時間
toute la journée	一日中	moins	より少なく〜
pendant	〜の間	le quart (m)	4分の1
ennuyeux (se)	うんざりする	tout de suite	すぐに

アヤカ	なんて良い天気でしょう！6月初旬以来天気が良いですね。
テオ	フランスでは、6月と7月は天気が良いです。でも、8月は日差しが強すぎます。とても暑いです。
アヤカ	日本では6月に梅雨があります。1ヶ月間、毎日、一日中雨が降ります。本当にうんざりします。湿度も高いです。
テオ	天気の良い日を満喫なければ。リュクサンブール公園に行きましょう！
アヤカ	それはいい感じですね。でも…今、何時ですか？
テオ	12時15分です。
アヤカ	フランス語の授業が13時半からはじまります。申し訳ないけれど、すぐに出発しないと。

【非人称構文】　❋ ［彼］ではない「il」とは !?

非人称の il を主語とする構文です。この場合の il には「彼は」の意味はなく、あくまで構文上設定しなければならない形式的な主語です。下記のような一定の表現において使われます。

il est + 時間	時間	○時です
il fait + 天候の形容詞	天気が○○です。	
il faut (falloir の活用)	falloir	～しなければならない
il y a + 名詞	il y a	～がある

「il＝彼は」って、もしかして僕のこと？（ドキドキ）

違います。

【時間の表現】 非人称主語の il と être を用います

時間の表現		午前・午後を表すときは	
Il est ＋ 数字 ＋ ＊ heure(s) ＊	＋	du matin	午前
		de l'après-midi	午後
		du soir	夕方以降、夜

＊数字は heure(s)とリエゾンします。また、二桁の数字の場合、heure は複数形になり-s がつきます。

Il est sept heures **du matin**.　　　　　　　　　　　朝の7時です。

Il est **midi**. Il est **minuit**.　　　　　　　　　　　12時(正午/零時)です。

Il est trois heures **de l'après-midi**.
　　　　　　　　　　= Il est **quinze heures**.　　　午後3時/15時です。

Il est onze heures **du soir**. = Il est **vingt-trois heures**.　　夜の11時/23時です。

○○分は heures の後に数字を加えますが、その時に「分 minutes」の単位はつけません。

> Il est huit heures **vingt**.
> 8時20分です。
>
> Il est neuf heures **dix**.
> 9時10分です。

【時間に特有の表現】○時15分、○時半、○時○分前 など】

| ○時15分 | 時間 + **et quart**（四分の一） | Il est trois heures **et quart**. 3時15分です。 |

○時半　時間 + **et demie**（半分）　Il est quatre heures **et demie**. 4時半です。

15分前　時間 + **moins le quart**（マイナス四分の一）　Il est cinq heures **moins le quart**. 5時15分前です＝4時45分です。

○分前　**moins + 数字**　Il est 10 heures **moins 20**. 10時20分前です。

午前1時　Il est **une heure du matin**.

午前2時5分　Il est **deux heures cinq du matin**.

午後3時15分
15時15分　Il est trois heures **et quart de l'après-midi**.
　　　　　＝ Il est quinze heures quinze.

午後4時半
16時30分　Il est quatre heures **et demie de l'après-midi**.
　　　　　＝ Il est seize heures trente.

夜7時15分前
18時45分　Il est sept heures **moins le quart du soir**.
　　　　　＝ Il est dix-huit heures quarante-cinq.

【天候の表現】 ✤ 天気 temps には「時間」の意味もある 昔は天気で時間を把握していたからね

天候の表現
Il fait + 形容詞

天気の表現では、非人称の il と faire の活用を用います。場合によっては il y a も用います。

Il fait beau. 　天気が良い
Il fait mauvais. 　天気が悪い
Il fait chaud. 　暑い
Il fait froid. 　寒い
Il fait frais. 　涼しい
Il y a du soleil. 　日差しがある
Il fait du soleil.
Il fait du vent. 　風が吹く
Il y a du vent.

Le temps est nuageux.
Il y a des nuages. 　曇っている
Il fait gris.
Il fait humide. 　湿気がある
Il y a de l'humidité.
Il fait sec. 　乾燥する
Il **neige**.* 　雪が降る
Il **pleut**.* 　雨が降る
Il fait du brouillard. 　霧がある
Il y a du brouillard.

*pleuvoir, neiger は非人称主語 il を用いる動詞です。これらには faire は用いません。

【非人称主語を伴う動詞 falloir】 ✤ je dois, tu dois と同じ意味だね　leçon11参照

falloir は il のみを主語に伴う動詞です。活用は3人称単数の主語の活用となります。下記のような文型で用いられます。

【il faut + 名詞　〜が必要である】

Il faut une heure pour arriver à la gare.
駅に到着するのに1時間必要です。

Il me **faut** de nouvelles lunettes.
私には新しい眼鏡が必要です。

【il faut + 不定詞　〜しなければならない】

イル フォ パ(r)ティー(r) トゥ ドゥ スュイットゥ
Il faut partir tout de suite.
すぐに出発しなければなりません。

イル フォ (r)ゼ(r)ヴェ ドゥ プラス スュー(r) アンテ(r)ネットゥ
Il faut réserver deux places sur Internet.
2席分をネット上で予約しなければ。

【否定形① 禁止：〜をしてはいけない】　Il ne faut pas + 動詞

イル ヌ フォ パ アント(r)ぇ ダン セットゥ サル
Il ne **faut** pas entrer dans cette salle.
この部屋に入ってはいけません。

イル ヌ フォ パ テレフォネ イスィ
Il ne **faut** pas téléphoner ici.
ここで電話をしてはいけません。

【否定形 ② 〜する必要はない】　この場合は「**avoir besoin de** + 動詞」を用います。

イル ヌ フォ パ ユティリゼ セッ オ(r)ディナトゥー(r)
Il ne **faut** pas utiliser cet ordinateur.
この PC を使ってはいけません。

テュ ナ パ ブゾワン ユティリゼ セット(r)ディナトゥー(r)
Tu n'**as** pas **besoin d**'utiliser cet ordinateur.
この PC を使う必要はありません。

falloir と devoir の違い
非人称を主語として用いる falloir は一般的な規則などを表すことが多く
具体的な主語を用いる devoir は主語の当事者性が強くなります。

▶Exercice 13-1 【vrai ou faux】会話の内容と同じ場合は vrai、違う場合は faux で答えましょう。

(1) En France, il fait beau en juin et en juillet.

(2) En France, il y a la saison des pluies.

(3) Il est midi et quart.

(4) Ayaka doit partir tout de suite.

vrai	faux

▶Exercice 13-2 【天候】下記の指示をもとにフランス語で作文しましょう。

例 京都・夏 → 夏の京都はどんな天候ですか？ Quel temps fait-il à Kyoto en été ?
- とても暑くて、湿度が高いです。雨が降ります。Il fait très chaud et humide. Il pleut.

(1) 東京・春 → 晴れていて乾燥しています。風があります。

___

(2) バンコク Bangkok ・夏 → とても暑いです。湿気があります。

___

(3) ジュネーヴ Genève・冬 → 沢山雪が降ります。とても寒いです。

___

(4) パリ・秋 → 涼しいです。頻繁に雨が降ります。

___

(5) ロンドン Londres en・冬 → 曇っています。霧があります。

___

解答--
【Exercice 13-1】(1) vrai (2) faux (3) faux (4) vrai
【Exercice 13-2】(1) Quel temps fait-il à Tokyo au printemps ? Il fait beau et il fait sec. Il fait du vent. または Il y a du vent. (2) Quel temps fait-il à Bangkok en été ? Il fait très chaud. Il fait humide. または Il y a de l'humidité. (3) Quel temps fait-il à Genève en hiver ? Il neige beaucoup. Il fait très froid.
(4) Quel temps fait-il à Paris en automne ? Il fait frais. Il pleut souvent.
(5) Quel temps fait-il à Londres en hiver ? Il fait gris. または Il y a des nuages. Il fait du brouillard. または Il y a du brouillard.

▶Exercice 13-3 【時間】時計の文字盤が指し示す時間をフランス語で書きましょう。

(1) _____

(2) _____

(3) _____

(4) _____

(5) _____

(6) _____

解答--
【Exercice 13-3】
(1) Il est quatre heures cinq du matin.
(2) Il est midi.
(3) Il est dix heures et demie du matin. または Il est dix heures trente.
(4) Il est sept heures quarante-cinq du soir. または Il est dix-neuf heures quarante-cinq. または Il est vingt heures moins quinze. または Il est huit heures moins le quart du soir.
(5) Il est huit heures vingt du soir. または Il est vingt heures vingt.
(6) Il est minuit et quart. または Il est minuit quinze.

ミニ会話 ⑩-1　Demander l'heure 1　❋何時ごろに終わりますか？　♪2-7

- À quelle heure est-ce que vous finissez la réunion ce soir, Monsieur Moreau ?
- Vers 18h30. Je rentre chez moi vers 19h.
- Et demain matin, à quelle heure est-ce que vous arrivez au bureau ?
- À 8h15. J'ai un entretien avec mon supérieur. Je dois partir de la maison vers 7h45.

vers	～時ごろ
rentrer	戻る、帰る
bureau (m)	オフィス、事務所
entretien (m)	面談、面接
supérieur(e)	上司

- モローさん、今晩あなたは何時に会議を終えますか？
- 18時30分ごろです。私は19時ごろ家に帰ります。
- 明日の朝は何時に出社しますか？
- 8時15分に。私は上司との面談があります。7時45分ごろに家を出なければ。

ミニ会話 ⑩-2　Demander l'heure 2　❋何時に閉まりますか？　♪2-8

- Est-ce que la bibliothèque est ouverte pendant les vacances d'été ?
- Non, elle est fermée du 21 juillet au 31 août.
- Ce soir, vous fermez à quelle heure ?
- Dans un quart d'heure. On ferme à 19h.

bibliothèque (f)	図書館
fermer	閉める、閉まる
un quart de	4分の1の～

- 図書館は夏休みの間開いていますか？
- いいえ、7月21日から8月31日まで閉館します。
- 今夜は何時に閉館しますか？
- 15分後、19時に閉館します。

ミニ会話 ⑪　Colissimo　✽日本に送るのに何日かかりますか？　♪2-9

La cliente	Je voudrais acheter un colissimo pour un envoi international s'il vous plaît.
Le postier	Colissimo Prêt-à-Envoyer * ?
La cliente	Oui. Les emballages Colissimo Prêt-à-Envoyer sont déjà affranchis, c'est bien ça ?
Le postier	Tout à fait.
La cliente	Alors, format X L , s'il vous plaît.
Le postier	X L ? Vous pouvez envoyer un colis de 7 k g maximum.
La cliente	D'accord. C'est combien ?
Le postier	Ça fait 6 1 €.
La cliente	Il faut combien de jours pour envoyer ce colis au Japon ?
Le postier	Entre 5 et 8 jours.

Colissimo Prêt-à-Envoyer *送料込みのボックスを購入し荷物を送る郵便局のサービス

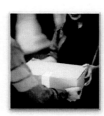

emballage (m)	包装、梱包用品	colis (m)	小包
affranchi (形)	切手を貼った、解放された		

お客	国際郵送用のコリッシモを買いたいのですが。
郵便局員	コリッシモ・プレタアンヴォワイエですか？
お客	コリッシモ・プレタアンヴォワイエの荷物は既に切手が貼られているのですよね？
郵便局員	その通りです。
お客	では、XLサイズをお願いします。
郵便局員	XLですね？７キロまで送ることができますよ。
お客	わかりました。おいくらですか？
郵便局員	６１ユーロです。
お客	この荷物を日本に送るにはどのぐらいの日数がかかりますか？
郵便局員	５日から８日です。

14 数量表現・部分冠詞・中性代名詞
Est-ce qu'il y a encore de la farine chez nous ?
家にはまだ、いくらか小麦粉はあるの？

♪2-10

Corinne　Allô, Paul ? Est-ce qu'il y a encore **de la farine** chez nous ?
　　　　 Je voudrais faire des crêpes ce soir.

Paul　　 Pourquoi pas ! **Il y a du lait, des œufs, mais pas de farine.**
　　　　 Il faut **de la farine** pour faire des crêpes.

Corinne　Oui, je vais au supermarché après le travail. Il nous faut autre chose ?

Paul　　 Alors, il nous faut **du jambon, du fromage, de l'huile d'olive et une bouteille de vin rouge,** s'il te plaît.

Corinne　**De l'huile d'olive ? Il y en a encore,** non ?

Paul　　 Non, **il n'y en a plus.**

Corinne　OK. **Je vais en acheter.**

Allô	もしもし	supermarché (m)	スーパーマーケット
crêpe (f)	クレープ	jambon (m)	ハム
farine (f)	小麦粉	huile (f)	オイル
lait (m)	牛乳	olive (f)	オリーヴ
œuf (m)	卵	en	それを（中性代名詞）

コリーヌ　　もしもし、ポール？ 家にはまだ小麦粉はあるの？ 今晩、クレープを作りたいのだけど。
ポール　　　いいね！ 牛乳と卵はあるけど小麦粉はないな。クレープを作るには小麦粉が必要だ。
コリーヌ　　仕事が終わったらスーパーに行くわ。他に何か必要なものはある？
ポール　　　そうだね、ハム、チーズ、オリーブオイル、赤ワイン1瓶が要るから、お願い。
コリーヌ　　オリーブオイル？ まだ残っているわよね？
ポール　　　いや、もう残っていないよ。
コリーヌ　　OK。買っておくわ。

【部分冠詞】　❋ いくらかの量？ 具体的なような曖昧なような・・・

物質名詞や抽象名詞など、数えられないものについて「いくらかの量の〜」を表します。

男性形	女性形
du (de l') *	**de la (de l')** *

* 母音、無音の h で始まる語は de l' を用います。

du vin	いくらかのワイン	**de la** viande	いくらかの肉
du courage	いくらかの勇気（勇気は不可算）	**de la** chance	いくらかの幸運（幸運は不可算）
de l'argent	いくらかのお金	**de l'**eau	いくらかの水

「いくらかの量!?」という曖昧さ。
単数複数を明確に分けなくても
通じる日本語からすると、
とても違うね。

フランス語の「数量の捉え方」は
日本語とは異なります。
少しずつ慣れていきましょう。

【数量の表現】

不可算名詞を「いくらかの量の〜」と具体的に表す際に、おおまかに量を表す言葉、物質を入れる「入れ物」や「単位」とともに数えます。

【量・程度の表現】

trop de	余りに〜の
beaucoup de	たくさんの〜
assez de	十分な〜
un peu de*	少しの〜

＋ 名詞(無冠詞)

Tu as **beaucoup de** * livre**s**.
君はたくさんの本をもっているね。

Buvez **assez d'*** eau.
十分な量の水を飲んでください。

Mets **un peu de** *sucre dans mon café.
私のコーヒーに少しの砂糖を入れて。
sucre は不可算名詞

Donnez-moi **quelques** * pomme**s**.
pomme は可算名詞
りんご何個かをください。

* de の後の名詞は無冠詞です。
可算名詞は複数形、不可算名詞は
単数形にします。

* 「少しの〇〇」が不可算名詞の場合
un peu de を用います。

* 「少しの〇〇」が可算名詞の場合
quelques を用います。

【様々な数量表現】

「入れ物」と組み合わせる場合

un verre de	グラス1杯の	une tranche de	1スライスの
une tasse de	カップ1杯の	un morceau de	1かけらの
une bouteille de	1瓶、1ボトルの	un pot de	1瓶の（ボトル以外の瓶）
un paquet de	1パックの		

例　Un verre d'eau, s'il vous plaît.
　　お水を一杯お願いします。

　　Deux bouteilles de vin blanc, s'il vous plaît.
　　白ワインのボトルを2本ください。

「単位」と組み合わせる場合

un gramme de	1グラムの	un litre de	1リットルの
un kilo de	1キロの	une livre de	500グラムの

例　Je prends 100 grammes de cerises.
　　100グラムのサクランボを買います。

　　Il me faut un litre de lait.
　　1リットルの牛乳が要ります。

Point ☞【部分冠詞の用法・不定冠詞との区別】丸ごと食べた？または少々かじっただけ？

総量のすべてか否か、により、冠詞が変わります。

*丸ごと全部食べてしまうか？

*その一部だけを食べるか？ それによって変わるのですよ。例えば･･･

Je mange **une** pomme.
リンゴを1個丸ごとを食べた。

Je mange **de la** pomme.
1個のうちの一部分を食べた。

Je mange **un** pain.
パンを1個丸ごとを食べた。

Je mange **du pain**.
パンの一部分を食べた。

【不定冠詞】総量を1つずつ摂取する場合（「数えられる「1個ごと」を食べるため）

Je mange **un** croissant / **des** croissants.
私はクロワッサンを1つ / 数個食べます。

Je mange **une** pêche / **des** pêches.
私は桃を1つ / 数個食べます。

【部分冠詞】その物質名詞の総量の一部を摂取する場合

Je prends **du** café (dans un pot).
私は（ポットの中の一部の）コーヒーを飲みます。

Je bois **de l'**eau.
私は水を飲みます（液体は不可算）。

Je mange **du** poisson.
私は魚（の一部分、切り身）を食べます。

僕はイワシを頭からしっぽまでまるごと全部食べるのが好きなんだよ（大和魂）

その場合はどうなるの？

【un/une/数詞】注文時など、商品として数える場合

Je prends **un** café / **deux** cafés.
1杯 / 2杯 (と商品としての数えられる)コーヒーを頂きます。

魚を丸ごと一匹食べる場合は
Je mange **un** poisson **entier**.
私は魚（の丸ごと全部）を食べます。　となります。

　カフェなどで頼むときは 数えられる商品として「un, une deux trois…」と数詞を用います。それに対して、家やルームサービスでポットから注いでもらうときなどは、場面として、du, de la と部分冠詞を用いることが多いでしょう。シチュエーションに応じて適切なもの選びましょう。

単語力アップ！ ▶ 食べ物　食材の語彙 ▶

pain (m)	パン	beurre (m)	バター	confiture (f)	ジャム
fromage (m)	チーズ	jambon (m)	ハム	œuf (m)	卵
yaourt (m)	ヨーグルト	lait (m)	牛乳	légume (m)	野菜
pomme de terre (f)	ジャガイモ	carotte (f)	人参	fruit (m)	果物
pomme (f)	リンゴ	orange (f)	オレンジ	fraise (f)	イチゴ

【中性代名詞 en】　❋ リエゾンもアンシェヌマンもする学習者泣かせの代名詞

フランス語は同じ言葉の反復を避ける傾向があり、そのため頻繁に代名詞が用いられます。

Vous avez des stylos ?　　- **Oui, j'en ai.** (en = des stylos)
ペンを何本か持っていますか？　　ええ、何本か（のそれら）を持っています。

中性代名詞 en は、反復を避けるために、特定の冠詞、前置詞と名詞を合わせて「それを・それらを」と置き換える代名詞です。
具体的には下記の場合に用いられます。

① 不定冠詞 ＋ 名詞
② 部分冠詞 ＋ 名詞
③ 否定の冠詞 ＋ 名詞
④ de、前置詞 de を伴う名詞または動詞 ＋ 名詞
⑤ 数詞と名詞を伴う文において、数詞の後の名詞

> 何度聞いても **John**（ジョン）って聞こえるよ？

> John ではありません！**J'en**！
> （そしてフランス語なら John ではなく Jean！）
> いずれにしても人を指しているのではありません。

en 位置と用法　動詞の前、主語と動詞の間が定位置だよ！

【位置】　置き換えを図にすると下記のようになります。　※ en は必ず動詞の前に置かれます。

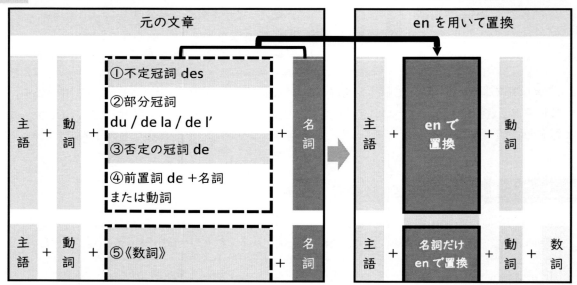

en が動詞の前に置かれることにより、en の前後の主語と動詞の間、否定の ne との並びから、リエゾン、アンシェヌマン、エリジヨンが発生します。

Tu achètes du bœuf ?　　肯定なら Oui. J'en achète un kilo.
（テュ アシェットゥ デュ ブッフ）　　　　　　（ウィ ジャン ナシェットゥ アン キロ）

　　　　　　　　　　　　　　否定なら Non. Je n'en achète pas.
　　　　　　　　　　　　　　　　　　（ノン ジュ ナン ナシェットゥ パ）

【用法】　それぞれの用法を例文で見てみましょう。

【① 不定冠詞複数 des の置き換え】

Vous avez **des stylos** ?　　　　Oui, j'**en** ai. (en = des stylos) はい、何本か持っています。
あなたはペンを持っていますか？　　Non, je n'**en** ai pas.　いいえ、持っていません。

【② 部分冠詞 du/ de la / de l' の置き換え】

Vous avez **du sel** ?　　　　Oui, j'**en** ai assez. (en = du sel)　はい、十分あります。
塩はありますか？　　　　　　Non, je n'**en** ai plus.　いいえ、もうありません。

【③ 否定の冠詞 de の置き換え】 否定形は en と動詞ともに ne-pas で挟みます。

Vous avez **des frères** ?　　　Non, je n'**en** ai pas.
あなたには兄弟はいますか？　　(je n'ai pas de frères.) 下線部が en　いいえ、いません。

Il y a encore **du vin** ?　　　Non, il n'y **en** a plus.
まだワインはありますか？　　 （Il n'y a plus de vin.) 下線部が en　いいえ、もうありません。

【④-1 数量表現 + de の置き換え】

Vous mangez du **riz** ?　　　Oui, j'**en** mange beaucoup. (en = du riz)
あなたは米を食べますか？　　　　　　　　　　　　　　　　はい、たくさん食べます。

Il y a **des problèmes** ?　　Oui, il y **en** a trop. (en = des problèmes) ええ、多すぎます。
問題はありますか？

【④-2 前置詞 de + 名詞または動詞の置き換え】

Vous avez besoin **de cette batterie** ?　　Oui, j'**en** ai besoin.
あなたはこのバッテリーが必要ですか？　　　(en = de cette batterie)
　　　　　　　　　　　　　　　　　　　　　はい、それが必要です。

Tu es contente **d'être à Nice** ?　　　Oui, j'**en** suis contente.
君はニースに居られて満足かい？　　　　(en = être à Nice) ええ、そのことに満足よ。

【⑤ 《数詞 + 名詞》の名詞の置き換え】

Tu as **des enfants** ?　　　　Oui, j'**en** ai **deux**.
子供はいるの？　　　　　　　　(en = des enfants) ええ、2人いるわ。

Vous voulez combien **de pommes** ?　　J'**en** voudrais **un** kilo.
どのくらいリンゴを入用ですか？　　　　(en = des pommes) 1キロ欲しいのですが。

【中性代名詞 y】 位置と用法 ✾ 「y」だけの一文字！とんでもない圧縮力！

中性代名詞 en の他にも、「y」という中性代名詞もあります。下記の前置詞とともに用いられる名詞を置き換える場合に用いられます。

> ① 場所を表す前置詞（à, dans, sur, chez などの前置詞）＋名詞 に代わる代名詞
> ② 場所以外を指すときの前置詞の à＋名詞・動詞

【位置】en と同様に動詞の直前に置かれます。

Tu vas **à la gare** ?
君は駅に行くの？

Oui, j'**y** vais. (y ＝ à la gare)
はい、私はそこに行くよ。

動詞が複数ある場合は、à が直接付属する動詞の直前に置かれます。

Vous allez répondre **à cette lettre** ?
あなたはこの手紙に返事をするつもりですか？

Oui, je vais **y** répondre.
はい、私は（それに）返事をするつもりです。
(y ＝ à cette lettre)

否定形は「y ＋動詞」を ne-pas で挟みます。

Pensez-vous **à votre avenir** ?
あなたは将来について考えていますか？

Non, je n'**y** pense pas du tout.
(y ＝ à mon avenir) いいえ、全然考えていません。

【用法】 それぞれの用法を例文で見てみましょう。

【① 場所を表す前置詞（à, dans, sur, chez などの前置詞）の置き換え】

Vous habitez encore **à Paris** ?
まだパリに住んでいますか。

Non je n'**y** habite plus.
(y ＝ à Paris) いえ、もう（そこには）住んでいません。

Comment peut-on aller **chez Michel** ?
どうやってミッシェルの家に行けるの？

On peut **y** aller en voiture ou en train.
(y ＝ chez Michel) 車か電車で（そこに）いけるよ。

【② à＋名詞・動詞の置き換え】

Pensez-vous **à votre avenir** ?
あなたは将来について考えていますか？

Oui, j'**y** pense souvent.
はい、しばしば（そのことを）考えています。
(y ＝ à mon avenir)

Tu t'intéresses **à l'histoire japonaise** ?
君は日本史に興味があるの？

Oui, je m'**y** intéresse beaucoup.
はい、私は（それに）とても興味があります。
(y ＝ à l'histoire japonaise)

y で受けるのは事物に限られます。人を受ける場合は「à＋ 強勢形」を用います。(leçon2 参照)

Tu penses **à Nadine** ?
君はナディーヌのことを考えているの？

Oui, je pense **à elle**.
うん、彼女のことを考えているよ。

▶Exercice 14-1【vrai ou faux】会話の内容と同じ場合は vrai、違う場合は faux で答えましょう。

(1) Corinne veut faire des crêpes.

(2) Paul va aller au marché aux puces après le travail.

(3) Il n'y a rien dans le frigo.

(4) Il y a encore de l'huile d'olive.

vrai	faux

▶Exercice 14-2【部分冠詞】 下線部に適切な部分冠詞を記入しましょう。

(1) _____ bière   (2) _____ thé

(3) _____ courage   (4) _____ vin

(5) _____ eau   (6) _____ fromage

(7) _____ salade   (8) _____ chance

(9) _____ poisson   (10) _____ argent

▶Exercice 14-3【部分冠詞】 1-8 に適切な名詞を a-g から選んで結びつけましょう。

(1) un paquet de   (a) eau
(2) un morceau de   (b) bonbons
(3) une bouteille de   (c) vin blanc
(4) un pot de   (d) jambon
(5) 100 grammes de   (e) confiture
(6) une tranche de   (f) gâteau
(7) un verre d'   (g) riz cantonais
(8) trois kilos de   (h) cerises

解答--
【Exercice 14-1】(1) vrai (2) faux (3) faux (4) faux
【Exercice 14-2】(1) de la (2) du (3) du (4) du (5) de l' (6) du (7) de la (8) de la (9) du (10) de l'
【Exercice 14-3】(1) b (2) f (3) c (4) e (5) g (6) d (7) a (8) h

Exercice 14-4 【中性代名詞】質問に対して、中性代名詞を用いて答えましょう。

(1) Est-ce que tu veux de l'eau ?　　　　Non, _____

(2) Est-ce qu'elle prend du thé ?　　　　Oui, _____

(3) Tu es à Paris pendant tes vacances ?　Oui, _____

(4) Tu participes à ce séminaire ?　　　　Oui, _____

(5) Comment peut-on aller à Lyon ?　　　On _____ en TGV.

(6) Est-ce qu'il a de l'argent ?　　　　　Non, _____

(7) Vous en voulez combien ?　　　　　J' _____ 200 gm.

(8) Est-ce qu'elle a des enfants ?　　　　Oui, _____ trois.

(9) Ils s'intéressent à l'art japonais ?　　Oui, _____

(10) As-tu des animaux de compagnie ?　Non, _____

解答--
【Exercice 14-4】(1) je n'en veux pas. (2) elle en prend. (3) j'y suis pendant mes vacances. (4) j'y participe. (5) On peut y aller en TGV. (6) il n'en a pas. (7) J'en veux / J'en voudrais 200 gm. (8) elle en a trois. (9) ils s'y intéressent. (10) je n'en ai pas.

15 命令形
Allez tout droit, prenez la première rue à gauche.
まっすぐ行って、最初の通りを左に曲がってください。

♪2-11

Yvonne　　Excusez-moi monsieur. Je cherche l'office du tourisme, s'il vous plaît ?

Patrick　　Pour aller à l'office du tourisme, **allez tout droit, prenez la première rue à gauche et traversez la place de l'église.** C'est juste en face.

Yvonne　　Merci monsieur. Excusez-moi. Pouvez-vous me montrer ?

Patrick　　Alors, **montrez-moi la carte.** Nous sommes ici, madame. **Regardez,** nous sommes juste à côté du pont.

Yvonne　　Ah ! Je vois. C'est un petit peu loin d'ici. On peut prendre le bus ?

Patrick　　Oui. **Prenez** la ligne 13 et **descendez** à l'arrêt Place de l'église.

Yvonne　　Je vous remercie. C'est très gentil.

office (m) du tourisme (m)	観光案内所	premier, première	最初の
rue (f)	通り	gauche (m)	左、左の
traversez	traverser 横切る	place (f)	広場、場所
église (f)	教会	juste	ちょうど〜
en face	正面に	me	私に
montrer	見せる	à côté de	〜の隣に・そばに
pont (m)	橋	je vois	voir 分かる、見る
loin de	〜から遠い	descendez	descendre 降りる
arrêt (m)	バス停	remercie	remercier 感謝する

イヴォンヌ	すみません、観光案内所を探しているのですが。
パトリック	観光案内所に行くには、まっすぐ行って、最初の通りを左に曲がって、教会広場を横切ります。ちょうど真正面にありますよ。
イヴォンヌ	ありがとうございます。すいません。(地図上で)私に見せてもらえますか?
パトリック	私に地図を見せてください。私たちはここにいます。見てください、私たちは橋のすぐそばにいます。
イヴォンヌ	分かります。ここからだとちょっと遠いですね。バスで行けますか?
パトリック	はい。13番線に乗り、「教会広場」停留所で下車します。
イヴォンヌ	ご親切にどうもありがとうございます。

【命令形の活用】

命令形には、2人称 (tu, vous) と 1 人称複数形 (nous) の形があります。動詞の現在形の活用から主語を除くと命令形になります。

parler		
tu	**Parle***	話して
vous	**Parlez**	話してください
nous	**Parlons**	話しましょう

finir		
tu	**Finis**	終わって
vous	**Finissez**	終わってください
nous	**Finissons**	終わりましょう

Écoute* bien tes parents.
両親の言うことをよく聞いて。

Ouvre* la fenêtre.
窓を開けて。

*本来の活用語尾 tu écoutes の「s」
tu ouvres の「s」が消えます。

Parlez moins vite, s'il vous plaît.
もう少しゆっくり話してください。

Avant de parler, **réfléchissez bien.**
話す前によく考えなさい。

réfléchir の vous の活用

Suivez-moi.
私についてきてください。こちらへどうぞ。

suivre の vous の活用
(お店などで案内されるときなどに使われます)

*tu の命令形に限り、本来の活用語尾の s が消滅する場合があります。

- tu の活用形が -es で終わる er 動詞
- ouvrir, offrir など一部の -ir 動詞
- as で終わる aller

この変化は上記の動詞にしか発生しませんので注意しましょう。

否定命令形は動詞を ne-pas で挟みます。補語人称代名詞は動詞の前に置かれます。

Ne touchez **pas** cette boîte!
その箱に触らないで。

Ne dis **pas** la vérité à ma mère.
母に本当のことを話さないで。

下記のように特殊な活用になる動詞もあります。

être	
tu	**Sois**
vous	**Soyez**
nous	**Soyons**

avoir	
tu	**Aie**
vous	**Ayez**
nous	**Ayons**

Ayez du courage.
勇気を出してください。

N'**aie** pas peur.
怖がらないで。

Soyez patient.
我慢してください。

Sois gentil avec moi.
私にやさしくして。

【命令形の用法】 ❋ 命令だけでなく「依頼」でも使われるんだね。

2人称では「～して、しなさい」という命令、および、s'il vous plaît 等とともに「～してください」という依頼の意味で使われます。1人称複数では「～しましょう」の意味で用いられます。

Répétez encore une fois, s'il vous plaît.
もう一度繰り返してください。

Attends un instant.
少し待って。

nous に対する命令形は「しよう、～しましょう」の意味になります。

Parlons en français.
フランス語で話しましょう。

nous の命令形は「勧誘」の意味になります。
on va～, nous allons ～も同様の意味になります。

= On va parler en français.
= Nous allons parler en français.

▶**Exercice 15-1【vrai ou faux】** 会話の内容と同じ場合は vrai、違う場合は faux で答えましょう。

(1) Yvonne est perdue.

(2) Pour aller à l'office du tourisme, il faut d'abord traverser le pont.

(3) L'office du tourisme est à côté du pont.

(4) On peut prendre le métro pour aller à l'office du tourisme.

vrai	faux

▶**Exercice 15-2 【命令形】** 以下の文を命令形に書き換えましょう。

(1) Vous ne traversez pas cette rue. _____

(2) Tu es calme. _____

(3) On prend le métro. _____

(4) Vous avez du courage. _____

(5) Nous y allons à pied. _____

(6) Vous ne parlez pas fort. _____

(7) Vous devez bien réfléchir. _____

(8) Tu n'as pas peur des chiens. _____

解答--
【Exercice 15-1】 (1) vrai (2) faux (3) faux (4) faux
【Exercice 15-2】 (1) Ne traversez pas cette rue. (2) Sois calme. (3) Prenons le métro. (4) Ayez du courage. (5) Allons-y à pied. (6) Ne parlez pas fort. (7) Réfléchissez bien. (8) N'aie pas peur des chiens.

単語力アップ！ ▶ 方向・道順の表現 ▶

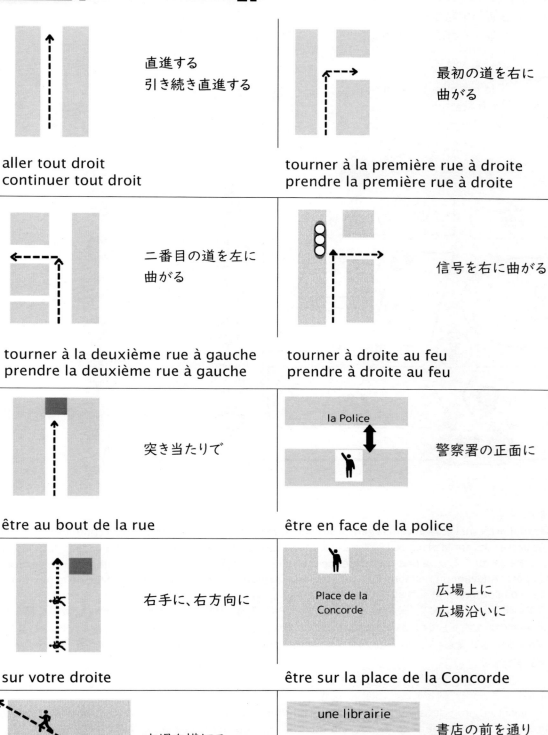

直進する / 引き続き直進する aller tout droit / continuer tout droit	最初の道を右に曲がる tourner à la première rue à droite / prendre la première rue à droite
二番目の道を左に曲がる tourner à la deuxième rue à gauche / prendre la deuxième rue à gauche	信号を右に曲がる tourner à droite au feu / prendre à droite au feu
突き当たりで être au bout de la rue	警察署の正面に être en face de la police
右手に、右方向に sur votre droite	広場上に / 広場沿いに être sur la place de la Concorde
広場を横切る traverser la place de la Concorde	書店の前を通りすぎる passer devant une librairie

▶Exercice 15-3 【道案内】以下の文を命令形に書き換えましょう。

あなたは図書館で勉強をしています。ディスリス君とツバメさんが駅の前に到着し、あなたに合流しようとしています。駅からの道順を説明してください（複数の解答が可能です）

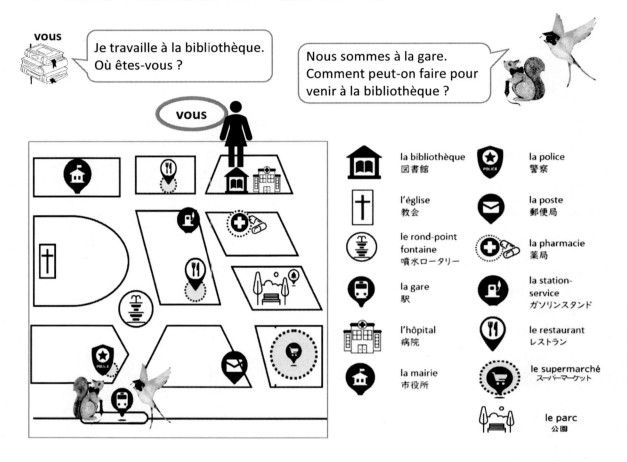

解答例1 -------

Allez tout droit sur la rue devant la gare. Vous passez le rond-point avec la fontaine et continuez tout droit. Vous passez devant la place de l'église et tournez à droite à la première rue. Continuez tout droit jusqu'à la prochaine rue. Là, il y a une station-service comme repère. Traversez la rue et continuez vers la droite. Vous passez devant un restaurant et vous trouvez un grand bâtiment classique en face de la pharmacie. C'est la bibliothèque. Je suis au troisième étage.

駅の前の道をまっすぐ進んでください。噴水のあるロータリーを通り過ぎ、そのまま進んでください。教会広場を通り過ぎ、最初の角で右折してください。そのまま直進し、次の道まで進んでください。そこにはガソリンスタンドが目印です。道を渡り、右に進んでください。レストランを通り過ぎます。薬局の向かいに、大きな古典的な建物があります。それが図書館です。

解答例2 -------

Vous allez tout droit devant la gare. Au rond-point fontaine, vous tournez à droite. Ensuite, vous prenez la première rue à gauche et continuez tout droit. Allez jusqu'au bout de la rue. À la fin de la rue, il y a une station-service sur votre gauche. Ensuite, traversez la rue. Un grand bâtiment classique se trouve à côté d'un grand hôpital, en face de la pharmacie. C'est la bibliothèque.

駅の前でまっすぐ行きます。噴水のある円形交差点で右に曲がります。そして最初の道を左に曲がってまっすぐ進みます。道の終わりまで行ってください。道の終わりに、左側にガソリンスタンドがあります。その後、道を渡ります。大きな古典的な建物が、大きな病院の向かいの薬局の隣にあります。それが図書館です。

16 補語人称代名詞
Je te présente Takashi.
君にタカシを紹介します。

♪2-11

Minaiko	Anna, **je te présente** Takashi. Il est photographe japonais, c'est mon meilleur ami.
Anna	Bonsoir. Je crois que **je vous connais**.
Takashi	Oui, **je vous ai vue** à la galerie Ginza à mon exposition en mars. **Vous m'avez posé** quelques questions sur mes photos.
Anna	Ah oui ! Je me rappelle maintenant.
Takashi	**Si mes œuvres vous intéressent, je vous invite** à la prochaine exposition en juillet.
Anna	C'est très gentil. **Ça me fait grand plaisir. Je vous remercie** beaucoup.
Minako	**Tu lui diras** « Arigato ».
Anna	Qu'est-ce que c'est ?
Minako	Ça veut dire « Merci » en japonais.

te	君を、君に	posé	poser（置く、質問をする）の過去分詞
présente	présenter 紹介する	quelques	いくつかの
meilleur(e)	bon の比較級	Je me rappelle	思い出す (se rappeler の je の活用)
vous	あなたを、あなたに	œuvre (f)	作品
connais	connaître 知る	intéressent	intéresser 興味を持たせる
je vous ai vue	私はあなたを見た (vu : voir の過去分詞)	plaisir (m)	喜び
galerie (f)	画廊、ギャラリー	lui	彼に、彼女に
exposition (f)	展覧会	diras	dire (言う) の単純未来形（2人称で軽い命令を表す）

ミナコ	アンナ、あなたにタカシを紹介するわ。彼は日本人写真家で私の親友よ。
アンナ	こんばんは。私はあなたを知っていると思います。
タカシ	そうそう、3月の私の個展のときに、銀座のギャラリーであなたを見かけました。私の写真について、あなたは私にいくつか質問をしましたね。
アンナ	ああ、はい！今思い出しました。
タカシ	私の作品に興味を持っているなら、次の7月の展覧会に招待しますよ。
アンナ	ご親切に。とてもうれしいです。ありがとうございます。
ミナコ	"Arigato "って言うのよ。
アンナ	それは何？
ミナコ	日本語で「メルシー」という意味よ。

【補語人称代名詞　位置と用法】　✽ Je t'aime の [t'] が前から気になっていたのよ

補語人称代名詞には
- 動詞の後に前置詞なしで置かれる「直接補語人称代名詞（主に〜を、の意味）」
- 《前置詞 à +人》に代わる「間接補語人称代名詞（主に、〜に、の意味）」 があります。
いずれも動詞の直前に置かれます。

Tu **m'**aimes ?　　　　　　　　Je **te** fais un cadeau.
私を愛してる？　m', me = 私を　　僕は君に贈り物をする。t', te = 君に

主語	直接補語	間接補語	主語	直接補語	間接補語
je	**me (m')** *(私を・私に)		nous	**nous** (私たちを・私たちに)	
tu	**te (t')** *(君を・君に)		vous	**vous** (あなたを・あなたに)	
il	**le (l')** *(彼を)	**lui** (彼に)	ils	**les** (彼らを)	**leur** (彼らに)
elle	**la (l')** *(彼女を)	**lui** (彼女に)	elles	**les** (彼女らを)	**leur** (彼女らに)

*me, te, le, la は母音、または無音の h の前でエリズィヨンし、m', t', l'になる。

1,2人称は、どちらも同じ語を用います。人称に応じて、直接補語人称代名詞「私を」「君を」、間接補語人称代名詞「私に」「君に」となります。単語上の変化はなく、文脈によってどちらの意味で使われているかを判断します。

あなたは私のいうこと[を]聞いてる？　　　　あなたは私[に]手を貸してくれますか？
Vous **m'**écoutez ?　　　　　　　　　Vous pouvez **m'**aider ?

Oui, je **vous** écoute.　　　　　　　　Bien sûr je **vous** aide !
はい、私はあなたのいうこと[を]聞いています。　もちろん、あなた[に]手を貸します。

3人称は、生物主語だけでなく、無生物の名詞の性別を受けて用いることも可能です。

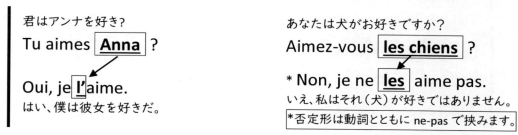

君はアンナを好き?
Tu aimes Anna ?

Oui, je l'aime.
はい、僕は彼女を好きだ。

あなたは犬がお好きですか?
Aimez-vous les chiens ?

* Non, je ne les aime pas.
いえ、私はそれ(犬)が好きではありません。
*否定形は動詞とともに ne-pas で挟みます。

「彼に」「彼女に」は、どちらも lui ですが、何を置き換えているかは文脈内で判断します。

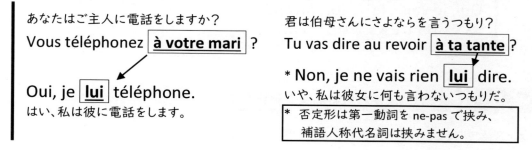

あなたはご主人に電話をしますか?
Vous téléphonez à votre mari ?

Oui, je lui téléphone.
はい、私は彼に電話をします。

君は伯母さんにさよならを言うつもり?
Tu vas dire au revoir à ta tante ?

* Non, je ne vais rien lui dire.
いや、私は彼女に何も言わないつもりだ。
* 否定形は第一動詞を ne-pas で挟み、補語人称代名詞は挟みません。

肯定命令形で用いる場合は、補語人称代名詞が強勢形し、動詞の後につきをつけます。

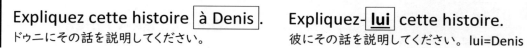

Expliquez cette histoire à Denis .
ドゥニにその話を説明してください。

Expliquez-lui cette histoire.
彼にその話を説明してください。 lui=Denis

否定命令形では、補語人称代名詞まま動詞の前に位置し、一緒に Ne-pas で挟まれます。

regarde - moi .　➡ 否定にすると　Ne me regarde pas.
私を見て。　　　　　　　　　　　　　　私を見ないで。

【2つの目的語代名詞を用いる場合】 Step up　もう少しステップアップしたい方向け

直接目的語と間接目的語を同時に2つ並べるとき、並びの順番は文法上厳密に決められています。かならず下記の順番で並びます。

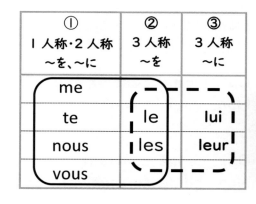

① 1人称・2人称 ～を、～に	② 3人称 ～を	③ 3人称 ～に
me		
te	le	lui
nous	les	leur
vous		

①→②は可 ②→③は可
でも①_③は不可

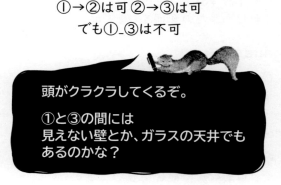

頭がクラクラしてくるぞ。

①と③の間には
見えない壁とか、ガラスの天井でも
あるのかな?

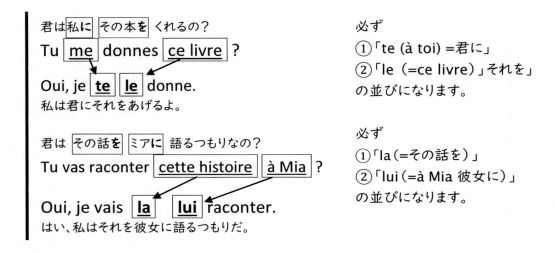

君は 私に その本を くれるの?
Tu me donnes ce livre ?

Oui, je te le donne.
私は君にそれをあげるよ。

必ず
① 「te (à toi) =君に」
② 「le (=ce livre)」それを」
の並びになります。

君は その話を ミアに 語るつもりなの?
Tu vas raconter cette histoire à Mia ?

Oui, je vais la lui raconter.
はい、私はそれを彼女に語るつもりだ。

必ず
① 「la (=その話を)」
② 「lui (=à Mia 彼女に)」
の並びになります。

表現力アップ! 会話でよく使われる補語人称代名詞

フランス語では、Ça te/ vous + 動詞、を用いて「あなたに・きみに～させる」という表現が多くあります。会話で使いやすい短いフレーズを見てみましょう。

aller à
Ça te/vous va ?
それはあなたにとってよいですか?

Oui, ça me va bien.
Non, ça ne me va pas.

intéresser à
Ça te/vous intéresse ?
それはあなたに興味を持たせますか?

Oui, ça m'intéresse.
Non, ça ne m'intéresse pas.

plaire à
Ça te/vous plaît ?
それはあなたの気に入りますか?

Oui, ça me plaît.
Non, ça ne me plaît pas.

déranger
Ça te/vous dérange ?
それはあなたの邪魔をしますか?

Oui, ça me dérange un peu.
Non, ça ne me dérange pas.

gêner
Ça te/vous gêne ?
それはあなたを不快にさせますか?

Oui, ça me gêne un peu.
Non, ça ne me gêne pas.

convenir à
Ça te/vous convient ?
それはあなたに都合が良いですか?

Oui, ça me convient.
Non, ça ne me convient pas.

▶**Exercice 16-1【vrai ou faux】** 会話の内容と同じ場合は vrai、違う場合は faux で答えましょう。

(1) Takashi est le mari de Minako.

(2) Anna aime beaucoup les photos de Takashi.

(3) C'est la première fois que Takashi rencontre Anna.

(4) Anna sait parler japonais.

vrai	faux

▶**Exercice 16-2 【補語人称代名詞】** 下線部に適切な補語人称代名詞を記入しましょう。

(1) Chihiro aime ses parents.　　　　- Elle＿＿＿＿ téléphone souvent.

(2) Tu veux aller voir Aline ?　　　　- Oui, je veux aller ＿＿＿＿ voir.

(3) Tu connais ces professeurs ?　　- Non, tu ne ＿＿＿＿ connais pas.

(4) Ton frère te dit quelque chose ? - Non, il ne ＿＿＿＿ dit rien.（私に）

(5) Vous avez un dictionnaire à ＿＿＿＿ prêter ?（私たちに）

(6) David est fatigué ce soir. Allez à la fête sans ＿＿＿＿.

(7) Il ne faut pas lire cette lettre ?　- Non, il ne faut pas ＿＿＿＿ lire

(8) Comment trouves-tu ce manteau ? - Je ＿＿＿＿ trouve très bon

▶**Exercice 16-3 【補語人称代名詞】** 質問に対する返答を作りましょう。

(1) Cette robe me va bien ?　　　　Oui, ＿＿＿＿＿＿＿＿

(2) Ce livre vous intéresse ?　　　　Oui, ＿＿＿＿＿＿＿＿

(3) Je vous dérange maintenant ?　　Non, ＿＿＿＿＿＿＿＿

(4) Le bruit te gêne pour travailler ?　Non, ＿＿＿＿＿＿＿＿

(5) Jeudi, ça vous convient ?　　　Oui, ＿＿＿＿＿＿＿＿

解答--
【Exercice 16-1】 (1) faux (2) vrai (3) faux (4) faux
【Exercice 16-2】 (1) leur (2) la (3) les (4) me (5) nous (6) lui (7) la (8) le
【Exercice 16-3】 (1) elle te / vous va bien. (2) il m'intéresse. (3) vous ne me dérangez pas.
　(4) il ne me gêne pas. (5) ça me convient.

17 代名動詞
Je me lève tôt, je me couche tard.
私は早くに起きて、遅くに寝ます。

♪2-13

Fanny	Ton congé sabbatique, **ça se passe** comment ?
Bruno	**Ça se passe** très bien. **Je me lève** tôt, **je me couche** tard. **Je me promène** avec mes enfants et je vais au théâtre ou au concert avec ma femme. Je lis beaucoup aussi.
Fanny	Tu ne vois pas tes amis ?
Bruno	Si, **on se voit** dans un café sympa à côté de la rivière. **On se parle** beaucoup, surtout de notre nouveau projet.
Fanny	C'est quoi, ce nouveau projet ?
Bruno	On va **s'occuper d'**une campagne pour agrandir la zone verte.
Fanny	C'est génial ! Moi aussi, ça m'intéresse !

congé (m)	休暇	rivière (f)	川
sabbatique	サバティカル（長期休暇）の	se parler	parler の代名動詞形
se passer	passer の代名動詞形	surtout	特に
se lever	lever の代名動詞形	s'occuper de	occuper の代名動詞形
se coucher	coucher の代名動詞形	campagne (f)	キャンペーン、田舎
se promener	promener の代名動詞形	zone (f)	ゾーン、地帯
se voir	voir の代名動詞形	agrandir	拡大させる
		génial(e)	素晴らしい

ファニー	長期休暇の調子はどう？
ブリュノ	とてもうまくいっている。僕は早起きして、夜遅くに寝ている。子供と一緒に散歩をして、妻と一緒に劇場やコンサートに行く。本もよく読んでいる。
ファニー	友達には会ってないの？
ブリュノ	いいや、川のほとりのいい感じのカフェで会っている。特に新しいプロジェクトについて、よく話し合いをしているよ。
ファニー	新しいプロジェクトって何？
ブリュノ	緑地帯を拡大するキャンペーンに取り組んでいるんだよ。
ファニー	それは素晴らしい！ 私も興味があるわ。

【代名動詞】 ✽ ブーメラン♪ブーメラン♪一周して動作が主語に戻ってくる

代名動詞とは、主語と同じものを指す「再帰代名詞」「se」を伴い変化する動詞です。
再帰代名詞がつくことで、動作が動作主自身(主語)にはねかえり(再帰)、「主語自身を・に～させる」つまり「～する」という意味になります。

Elle **couche** ses enfants.	彼女は子供たちを寝かせます。
Elle **se couche** vers minuit.	彼女は午前0時ごろ寝ます。(彼女は彼女自身を寝かせる)

なぜわざわざ『自分で自分を散歩させる』なんて言うの？

主語と同じ名詞が目的語になって、それが動詞の手前に戻ってくる。

ブーメランみたいだ。

確かに、フランス語は「他動詞」(～をする、～をさせる)の意味の動詞が非常に多いですよ。日本語は(～になる)の自動詞が多いから、対照的ですね。　たとえば

①私は ②散歩させる ③イヌを
Je promène mon chien.
　①主語＝原因
　②動詞＝結果を導く動作
　③目的語＝結果を被る対象

フランス語はこの構文が非常に好まれます。
promène を使って③を自分置き換えてみると···

①私は ②散歩させる ③私を
Je promène « moi ».

①＝③「私は」と「私を」とが文頭と文末に、それぞれ置かれます。この文をスマートにするために、再帰代名詞を用いて主語の隣に移動させ、類似するものをまとめて配置し整理しているのです。

これは、フランス語文法の観点からすると「合理的」な配置なのです。

活用は各動詞の活用に準じますが、再帰代名詞は主語に合わせて変化します。

se coucher 寝る　（自分自身を寝かせる）	
je **me** couche	nous **nous** couchons
tu **te** couches	vous **vous** couchez
il **se** couche	ils **se** couchent
elle **se** couche	elles **se** couchent

se promener 散歩する　（自分自身を散歩させる）	
je **me** promène	nous **nous** promenons
tu **te** promènes	vous **vous** promenez
il **se** promène	ils **se** prom**è**nent
elle **se** promène	elles **se** prom**è**nent

【代名動詞の用法】　✾ 意外と用法が多いけれど、とても使い勝手が良いよ！

【① 再帰的用法：自分自身が～する】「自分自身を・に～させる」→「～する」を意味します。

Tous les jours, je **me couche** vers minuit.
毎日、私は夜12時ごろに寝ます。

Tu dois **te laver** les mains avant de manger.
食べる前に手を洗わないとね。

Je **me promène** avec mon chien.
私は犬と散歩をします。

Où **se trouve** la gare de Lyon ?　　Elle **se trouve** là-bas.
リヨン駅はどこにありますか？　　あちらにありますよ。

【② 相互的用法：お互いに～する】主語が複数の場合に限ります。

Ils **se disputent** toujours.　　Mais non ! ils **se parlent** de notre avenir.
彼らはいつも口論し合っています。　　ちがいます！彼らは将来について話し合っているのです。

On **se dit** bonjour souvent.　　Oui. On **s'entend** bien.
私たちは頻繁に挨拶を交わします。　　ええ。私たちは気が合いますね。

【③ 受け身的用法：〜される】 主語が無生物の場合、受け身の意味になります。
ただし文法上は能動態です。

L'anglais **se parle** dans le monde.
英語は世界で話されます。

Ce livre **se vend** très bien.
この本はとてもよく売れます。

Cet appareil, ça **se dit** comment en français ?
この器具、これはフランス語で何と言いますか？

【④ 本来的用法】 代名動詞としてのみ用いられる動詞です。

Je **me souviens de** mon enfance.　　　se souvenir de ＋名詞　〜を思い出す
私は子供時代のことを思い出します。

Vous **vous moquez de** nous !　　　se moquer de ＋人〜　〜をばかにする
あなたは私たちをばかにしています！

【代名動詞の否定形・疑問形・命令形】

> 再帰代名詞の位置が
> あっちゃこっちゃするから、
> 気を付けて！

【疑問形】

代名動詞の疑問形は、疑問形の種類に合わせて下記のようになります。例えば「Vous vous promenez tous les matins. あなたは毎朝散歩する。」を疑問形にすると…

① イントネーションをあげる：Vous vous promenez tous les matins ?

② Est-ce que をつける：**Est-ce que** vous vous promenez tous les matins ?

③ 倒置疑問文にする

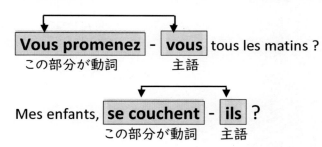

【否定形】

代名動詞の否定形は、再帰代名詞と動詞を一緒に ne-pas で挟みます。

Il **ne** se couche **pas** tard.　　　Je **ne** me rappelle **plus**.
彼は遅い時間に就寝しません。　　　私はこれ以上思い出せません。

【命令形】

　肯定命令形では、再帰代名詞は動詞の後ろに置かれます。その際、再帰代名詞は強勢形に変化します。否定命令形は、再帰代名詞の位置は動詞の前のままで、動詞と一緒に ne-pas で挟みます。

　Tu t'assieds　君は座る　を命令形にすると

① 主語を取る	↓ ~~Tu~~ t'assieds
② 再帰代名詞は文頭に置くことができないので後ろに回す	↓ Assieds-te
③ さらに再帰代名詞は強勢形にする	★ Assieds-toi. 完成

　※　否定形は Ne が文頭に置かれ、再帰代名詞は動詞の前にあります。

① 主語を取る　Tu t'assieds	↓ ~~Tu~~ t'assieds
② Ne-pas で挟む　　再帰代名詞は常に動詞の前についてセットで挟む	★ Ne t'assieds pas. 完成

Dépêchez-**vous**.
急いでください。

Ne vous dépêchez **pas**.
急がないでください。

Assieds-**toi** ici.
ここに座って。

Ne t'assieds **pas** ici.
ここに座らないで。

Couchez-**vous**.
寝てください。

Ne vous couchez **pas** encore.
まだ寝ないでください。

▶Exercice 17-1【vrai ou faux】会話の内容と同じ場合は vrai、違う場合は faux で答えましょう。

(1) Bruno est content de son congé.

(2) Bruno se lève tard tous les matins.

(3) Bruno et ses amis ne se voient pas du tout.

(4) Le projet de Bruno intéresse Fanny.

vrai	faux

▶Exercice 17-2 【代名動詞】下線部に適切な活用を記入しましょう。

(1) J'ai besoin de _____ _____ . (se reposer)

(2) On va _____ _____ ici. (s'arrêter)

(3) Où _____ _____ l'hôpital ? (se trouver)

(4) Vous _____ _____ ? (s'ennuyer)

(5) On peut _____ _____ aujourd'hui ? (se voir)

(6) Je _____ _____ à six heures et demie. (se lever)

(7) Les portes _____ _____ à cause du vent. (se fermer)

(8) Vous _____ _____ _____ votre enfance ? (se souvenir de)

(9) Nous _____ _____ bonjour. (se dire)

(10) Vous _____ _____ _____ cet ordinateur. (se servir de)

解答--
【Exercice 17-1】(1) vrai (2) faux (3) faux (4) vrai

【Exercice 17-2】(1) me reposer (2) s'arrêter (3) se trouve (4) vous ennuyez (5) se voir (6) me lève (7) se ferment (8) vous souvenez de (9) nous disons (10) vous servez de

Exercice 17-3 【代名動詞 否定・疑問・命令】 並べ替えて文を完成させましょう。

ヒント
座る s'asseoir	休む se reposer	携わる s'occuper de	心配する s'inquiéter pour
起きる se lever	落ち着く se calmer	順調である se passer bien	手を洗う se laver les mains
興味がある s'intéresser à		黙る se taire	集中する se concentrer

(1) ここに座ってよく休んでください。ici / vous / et / reposez / asseyez / bien / vous

(2) 彼はこの計画に携わっています。 projet / de / il / s' / ce / occupe

(3) 私のことを心配しないでください。 vous / moi / pas / inquiétez / ne / pour

(4) あなたは毎朝早くに起きます。 tous / vous / tôt / les / vous / matins / levez

(5) 落ち着いて。すべて順調だよ。 passe / toi / tout / se / bien / calme

(6) 手を洗わなければなりません。 doit / laver / on / se / les / mains

(7) あなたはこの話に興味があります。 à / cette / intéressez / vous / histoire / vous

(8) 黙ってください。私は集中しなければ。 taisez / je / concentrer / dois / me / vous

(9) いつ彼らは電話をしあっていますか？ téléphonent / est-ce qu' / se / quand / 'ils
?

(10) それはフランス語でどう言いますか？ ça / se / comment / dit / en / français
?

解答--

【Exercice 17-3】 (1) Asseyez-vous ici et reposez-vous bien. (2) Il s'occupe de ce projet. (3) Ne vous inquiétez pas pour moi. (4) Vous vous levez tôt tous les matins. (5) Calme-toi. Tout se passe bien. (6) On doit se laver les mains. (7) Vous vous intéressez à cette histoire. (8) Taisez-vous. Je dois me concentrer. (9) Quand est-ce qu'ils se téléphonent ? (10) Ça se dit comment en français ?または Comment ça se dit en français ?

【余談】 ミニ・エッセイ "On se dit bonjour ! 対等の関係性"一往復でワンセット

《 Se dire bonjour 》 互いに挨拶しあう。これは代名動詞の相互的用法で、複数主語の時に dire に se をつければ「お互い」という意味になります。こんな風に相互性をサラっと言えるところに、フランス語のコミュニケーションの本質がよく表れていると思います。また、敬語による上下関係や距離感に縛られた日本語には存在しない、ある種の軽やかさを感じずにはいられません。もう少し具体的に言うならば、フランス語のコミュニケーションにおける**「双方の対等感覚」「一往復でワンセット」**というベースがよく表れています。もちろん、日本語でも「お互い〜し合う」と言うことはできますが、敬語による言語上の距離や上下関係に縛られがちな日本語では、同僚、同級生、など、年齢や立場が同じもの同士以外、こうしたシンプルな「対等感」が生じるシーンは意外と限られるように思われます。

　この根底にある「対等感覚」は「挨拶」から始まります。この、深く根付いたコミュニケーションをおろそかにしてはならないのですが、存外日本人は、この挨拶ゆえに嫌われてしまうときがあります。よく言われるのが、お店にお客という立場で入るとき無言で入店し無言で立ち去る、« Bonjour »も« Au revoir »も言わない、と。礼儀正しく大人しいとみなされがちな日本人の嫌われポイントです。この「挨拶」を無言の会釈や笑顔で曖昧に済ませてはいけません。基本的に言いっぱなし、言われっぱなしは NG です。

　こんなエピソードがあります。日本語を全く知らない私のフランス人の友人が日本に遊びに来ました。一緒にある食品店に入ったとき「いらっしゃいませー！」と店員さんが丁寧に挨拶をしてくれ、それに対して私の友人は、上機嫌で「イラッシャイマセ〜」と上機嫌で応えて、ニコニコと店内に入っていきました。店員さんは一瞬驚いた様子でしたが、外国の人で言葉を間違えたのだろう、と理解と配慮に満ちた面持ちで軽く会釈をしてくれました。

　私には、友人がなぜ「イラッシャイマセ」と言って入店したのか、すぐに理解できました。こんにちは、と間違えたのです。フランスでは、客も店員も双方が挨拶をします。それが礼儀であるため、店に入るための表現なのだろうと推測して、友人はとっさに店員と同じ挨拶を繰り返してしまったとのことでした。そこで、「いらっしゃいませ」はサービス提供者側が発する挨拶であることを説明しました。では、どのように言えば良いのか？と問われましたが、私は「何も言わない、日本では言う必要はないし、逆に何か言うほうが怪しまれる可能性が高い」と答えるしかありませんでした。残念ながら「いらっしゃい

ませ」に応答する客側の挨拶は「ごめんください」ぐらいしかないし、そう日常的に使われる挨拶ではないからです。

　その友人は

- C'est pas vrai !　　　　（うそでしょ）
- Ça me parait bizarre !　（それは変だと思う）

と驚いていました。入店時に、どちらかというと客の方から « Bonjour »を言う習慣があるフランス人からすれば、何の断りもないのは無礼とみなされます。もしかするとその感覚は、日本人が他人のお宅に上がるときに必ず言う「おじゃまします」も何も言わず、ずかずかと上がり込まれる不愉快さに似ているかもしれません。

　ちなみに、もし「いらっしゃいませ」を直訳するとすれば

- Bienvenue dans notre magasin !　（私たちの店にようこそ）
- Nous sommes ravis de vous accueillir dans notre boutique.
（あなたをお店にお迎えできて私たちは非常にうれしいです。）

と、少々大げさなあいさつになってしまいます。

　挨拶には、見知らぬ人同士に生じる警戒心を解きほぐす大切な役割があります。特に沈黙を全否定するフランス語では黙っていることに価値はありません。互いに見知らぬ他者である客と店員の間でも、挨拶は「警戒心の緩和」「対等な関係性の認識」のために機能し、あなたは私のことは知らないだろうが、警戒しないでくださいね、ちゃんと礼儀をわきまえた人間だから、対等な人間としてちゃんと扱ってくださいね、というメッセージを言外に送っているのです。

　お互いが交わしあう「双方の対等感覚」。ヨーロッパの長い歴史の中で、性別、宗教、出自、価値観、財力、あらゆるものが異なる人々がひしめき合いながら生きている国では、人と人とが関係性を構築する上で、こうしたメッセージは積極的に発せられなければならないのでしょう。

　言葉は生き物。時代とともに生まれは消え、を繰り返しながら変化していきます。多様化する世界の中で、日本語の挨拶も変化を迫られるかもしれませんし、「いらっしゃいませ」に対等に応答できる何かしらの表現が生まれるかもしれません。もしそうなったら、ぜひとも使ってみたいものです。

18 比較級・最上級・指示代名詞
Vous avez quelque chose de plus clair ?
もう少し明るい色のものは何かありますか？

♪2-14

Le vendeur	Bonjour, madame, je peux vous aider ?
La cliente	Non merci, je regarde seulement.

*** (Plus tard) ***

La cliente	En fait, je voudrais une robe pour la cérémonie de mariage de ma meilleure amie.
Le vendeur	Quelle couleur préférez-vous ?
La cliente	Je ne sais pas trop… bleu, noir… ça dépend.
Le vendeur	Cette robe, par exemple. Le bleu foncé va très bien avec vos yeux.
La cliente	Vous avez quelque chose de **plus clair** ?
Le vendeur	Voilà. Celle-ci est **moins foncée que celle-là.**
La cliente	Oui, elle me plaît. Elle coûte combien ?
Le vendeur	80 euros.
La cliente	Euh… je vais réfléchir un peu. Elle est très belle, mais je cherche une robe un peu **moins chère.**

seulement	〜だけ	clair(e)	明るい、明確な
en fait	実は	celle	〜のそれ
foncé(e)	濃い	moins – que〜	〜よりも少なく (劣等比較級)
aller avec	〜と似合う	plaît	plaire à 〜の気に入る
yeux (m・複数)	œil 目の複数形	réfléchir	よく考える
plus – que〜	que 〜 より〜 (優等比較級)		

販売員	こんにちは。お手伝いいたしましょうか？
お客	いいえ、ありがとう。見ているだけです。

*** ***

販売員	
お客	実は、親友の結婚式のためのドレスが欲しいのです。
販売員	何色がお好みですか？
お客	… よく分からないけど、青か黒か、場合によります。
販売員	例えばこのドレスはどうでしょう。濃い青があなたの目にとてもよく合います。
お客	もう少し明るい色のものは何かありますか？
販売員	こちらです。こちらはあちらのよりも濃くありません。
お客	ええ、これを気に入ったわ。これはおいくらですか？
販売員	80 ユーロになります。
お客	えーと、ちょっと考えてみます。とても綺麗ですが、もう少し安いドレスを探しているので。

【指示代名詞】　＊反復は とことん避けたい フランス語　　　一句読めたよ♪

指示代名詞とは、文中で繰り返される同じ名詞の反復をさけるために用いられます。
例：A 氏の「車」と B 氏の「車」→A 氏の車と B 氏の**「それ」（＝車）**（ここが指示代名詞）。

男性単数	女性単数	男性複数	女性複数
celui	celle	ceux	celles

指示代名詞は、指示する名詞の性・数によって形が変わります。また、**決して単独では用いられず**、de を先立てた補語や、対立を表す **-ci こちらの、-là あちらの**を伴って用いられます。

de を先立てた補語　名詞は同じだが、その属性や特徴が異なる場合

J'aime mieux **la peinture** de Sophie que **celle d**'Anne.
私はアンヌの絵（それ）より、ソフィの絵のほうがより好きです。

対立、対比を表す -ci こちらの、-là あちらの

De ces deux sacs à dos, vous préférez **celui-ci** à **celui-là**.
あなたは、これら2つのリュックのうち、あちらのよりもこちらのほうをお好みなのですね。

【比較級】位置と用法

比較級には優等、同等、劣等の3つの形があります。形容詞、副詞、名詞、と、何を比較するかによって、少しずつ文法的な違いが生じます。

優等	**plus**	+ 形容詞・副詞 + **de** + 無冠詞名詞 動詞 + **plus / moins**	**que** + 比較対象
劣等	**moins**		
同等	**aussi**	+ 形容詞・副詞	
	autant	+ **de** + 無冠詞名詞 動詞 + **autant**	

【形容詞につく場合】　性数一致が発生します。

Sabine est サビーヌは〜だ	plus gentille aussi gentille moins gentille	より親切な 同じくらい親切な より親切ではない	que sa sœur. 彼女の妹と比較して

【副詞につく場合】　副詞の直前に置かれます。

Claude parle クロードは 話す	plus vite aussi vite moins vite	より速く 同じくらい速く より遅く	que moi. 私と比較して

【名詞につく場合】　de + 無冠詞名詞を伴います。

Mon mari boit 私の夫は 飲む	plus* de vin autant de** vin moins de vin	より多くのワインを 同量のワインを より少ないワインを	que moi. 私と比較して

　＊ plus の発音：de+名詞を伴う場合は語末の s を発音し「plus プリュス」となります。
　＊＊ 形容詞・副詞の場合とは違い名詞の同等比較級には autant de〜を用います。

【動詞につく場合】　動詞の後に置きます。

Mon père 私の父は	mange plus* mange autant mange moins	より多く食べる と同じくらい食べる より食べるのが少ない	que moi. 私と比較して

　＊ plus の発音：比較級として動詞に付く場合、s を発音し「plus プリュス」となります。

【特殊な比較級 bon, bien】 bon, bien の比較級は、それぞれ特殊な形に変化します。

bon の優等比較級	**meilleur (e)(s)**	形容詞なので性数一致が生じる
bien の優等比較級	**mieux**	副詞なので性数一致は生じない

> Rachelle parle japonais **mieux que** moi*.
> ラシェルは私よりも日本語を上手に話します。　*que の後の人称代名詞は強勢形
>
> Ce fromage-ci est **meilleur que** ce fromage-là.
> こちらのチーズはあちらのチーズよりおいしいです。
>
> À mon avis, ses œuvres sont **meilleures que** celles de Renoir.
> 私の意見では、彼の作品はルノワールのそれら（作品）よりもよいです。

【比較の対象】

比較級の構文では、比較の対象は que 以降で表します。que 以降は、主節との重複部分を省略して残った要素になります。

[主語の比較]	Nadège travaille plus <u>que Benoît</u>. ナデージュは<u>ブノワ（が勉強する）</u>よりも勉強します。
[直接目的語の比較]	Il comprend mieux français <u>qu'anglais.</u> 彼は<u>英語（を理解する）</u>よりフランス語のほうをよく理解します。
[間接目的語の比較]	Cette série télévisée plaît plus aux femmes <u>qu'aux hommes.</u> この TV ドラマは男性<u>に対して</u>よりも、女性に対して受けがよい。
[状況補語 (場所) の比較]	Ma fille parle plus à la maison <u>qu'à l'école</u>. 私の娘は<u>学校で（話す）</u>よりも、多く家で話します。
[状況補語 (時) の比較]	Aujourd'hui, il y a plus de gens <u>qu'hier</u>. 今日は、<u>昨日（いる状況）</u>よりも、人が多いです。

【「… 倍 fois」という表現を使った比較】

deux fois「2 倍」、trois fois「3 倍」なども比較級とともによく用いられます。plus あるいは moins の前に付けます。

> Leur appartement est deux **fois plus grand que** notre bureau.
> 彼らのアパルトマンは、私たちのオフィスの 2 倍の広さだ。

【比較級の「前提」】

比較級を否定形や劣等比較級を使った場合、単なる度合いの比較に加えて、ある種の語られない前提が含まれることになります。

優等比較級　Tu n'es **pas plus grand que** moi.　前提：私も君も背は高くない
　　　　　　君は私より背が高いわけではない。

同等比較級　Tu n'es **pas aussi grand que** moi.　前提：私は背が高い
　　　　　　君は私と同じほど背が高くはない。

劣等比較級　Tu n'es **pas moins grand que** moi.　前提：私も君も背が高い
　　　　　　君は私に劣らず背が高い。

劣等比較級　Tu es **moins grand que** moi.　前提：私は背が高い
　　　　　　君は私より背が低い。　　　　　　　（私を基準とすれば）

【最上級】　❋ 最上級を使えばボジョレヌーボー風の表現を簡単につくれるよ！

最上級には最優等、最劣等の2つがあります。le plus「最も多く」le moins「最も少なく」のように、比較級の前に定冠詞を付けて作ります。比較の対象範囲は、de+対象範囲「…の中で」で表されます。

最優等	定冠詞 + **plus** + 形容詞・副詞 定冠詞 + **plus de** + 無冠詞名詞 動詞　　+ **le plus**	**+ de** + 範囲
最劣等	定冠詞 + **moins** + 形容詞・副詞 定冠詞 + **moins de** + 無冠詞名詞 動詞　　+ **le moins**	

1) 形容詞の最上級

形容詞を最上級にする場合、定冠詞は関係する名詞との性数に応じて変化します。

Mont Fuji est **la** montagne **la plus haute du** Japon.
富士山は日本で一番高い山です。

Ce vin est **le moins cher de** ce magasin.
このワインはこの店で一番安いです(高くない)。

最上級複数形と「定冠詞 + un (une) de〜」を組み合わせると、「最も〜なものの１つ」という意味になります。

> Le Beaujolais nouveau de 2000 est **l'un des meilleurs** depuis 50 ans.
> 2000年のボジョレヌーヴォーは50年に一度の最高の出来栄えの一つです。
>
> Le British Museum est **l'un des plus grands musées** du monde.
> 大英博物館は世界で最も大きい博物館の一つです。

定冠詞以外が現れる場合もあります。意味によっては所有形容詞や、最上級とともに指示形容詞が現れることもあります。

> Takashi, c'est **mon** meilleur ami.
> タカシは私の一番の親友です。
>
> *La Joconde,* j'adore **ce plus beau portrait** du monde.
> モナリザ、私は、この世界で一番美しい肖像画が大好きだ。

数詞との組み合わせ において、最上級の形容詞で修飾された名詞に数詞を付ける場合、基数詞は次のように置かれます。

> 形容詞が名詞の前の場合
> **les trois meilleures chanteuses** du concours
> コンクールでの最優秀歌手3名
>
> 形容詞が名詞の後の場合
> **les 100 personnes les plus influentes** du monde
> 世界で最も影響力のある100人

2) 副詞の最上級

副詞には性数の変化がないため、最上級の定冠詞には<u>常に le を用います</u>。

> Vous venez **le plus tôt** possible.
> できるだけ早く来てください。
>
> Xavier parle **le mieux** japonais dans la classe.
> グザヴィエはクラスで一番上手に日本語を話します。

3) 名詞の最上級

名詞の場合も同様で、最上級には定冠詞単数の男性形を用い、le plus de ... (plus の発音は [plys])、le moins de... となります。

> Qui a **le plus d'abonnés** sur YouTube ?　(プリュス)
> 世界で一番 YouTube チャンネル登録者が多いのは誰ですか?
>
> Selon son idée, ce plan est **le moins de soucis**.
> 彼の意見によれば、この計画が一番心配が少ない。

4) 動詞の最上級

動詞を最上級で表す場合も、定冠詞単数の 男性形 le plus（発音は [plys]）、le moins を動詞の後に置きます。これは、動詞が目的語を取る場合も取らない場合も、同様です。

> Dans ma famille, mon père mange **le plus**.　(プリュス)
> 家では父が一番よく食べます。
>
> Le plat que **j'aime le plus**, c'est la tempura.　(プリュス)
> 私が一番好きな料理は天ぷらです。
>
> Je dépense **le moins possible** après Noël.
> クリスマス後は、私はできる限り出費をしない。

plus の s を発音する場合 - 比較級、最上級ともに -

plus que «...〜以上»と plus de ＋名詞 «より多くの〜»では [plys]となり、S が発音されます。

> Pierre travaille beuacoup **plus** que Xavier.　(プリュス)
> ピエールはグザヴィ絵よりもずっとよく勉強します。
>
> Voulez-vous un peu **plus** de café?　(プリュス)
> コーヒーをもう少しいかがですか？

ただし、plus de ＋ 数値のばあいは、[ply]となり S は発音されません。

> Il y avait plus de cent étudiants dans la salle.　(プリュ)
> 教室には 100 人以上の学生がいた。

Ariel est la moins belle des princesses de Disney.
アリエルはディズニープリンセスたちの中で一番美しくありません。

<u>果たして、アリエルは本当に「一番美しくない」のか？</u>

フランス語には
moins cher（高くない＝安い）、pas mal（悪くない＝それなりによい）
というような、**否定や劣等比較級を使う表現があります。**

Ariel est la moins belle des princesses de Disney.
アリエルはディズニープリンセスたちの中で一番美しくありません。

<u>この例文からすると、アリエルは「まったく美しくない」のでしょうか？</u>

いいえ、そんなことはありません！例を用いて説明してみましょう。

ディズニープリンセスたちは、一人一人がとても美しく魅力的です。
もし「誰が一番美しいか？」とアンケートをしたら、と仮定してみましょう。
そして、仮にアンケートの結果、『美女と野獣』のベル（Belle）が第一位に輝き、
最下位が『リトルマーメイド』のアリエルだった、としましょう。

この場合、ベルはアリエルよりも美しいと言えます。
ただし、アリエルが一般的な標準から醜いわけでは決してありません。

単に特定の範囲内での優劣を示しているだけで、それ以上の意味はないのです。

そうか！ ちゃんと意味合いの違いがあるのだね。

いずれにしても、ディズニープリンセスは、「**みんな違って、みんな美しい！**」
だよね。

**Toutes les princesses de Disney sont différentes
et toutes sont magnifiques !**

▶Exercice 18-1【vrai ou faux】会話の内容と同じ場合は vrai、違う場合は faux で答えましょう。

(1) La cliente cherche une robe pour son anniversaire.

(2) La cliente aime plus le rose que le noir.

(3) 80 euros est cher pour la cliente.

(4) Elle ne va pas acheter la robe de 80 euros.

vrai	faux

▶Exercice 18-2 【比較級/最上級】下線部に適切な活用を記入しましょう。

(1) Marie lit _____ _____ livres _____ Cécile.
マリーはセシルより多くの本を読みます。

(2) Anny lit _____ _____ livres _____ moi.
アニーは私と同じくらい本を読みます。

(3) Silvie est _____ _____ _____ ce village.
シルヴィーはこの村で一番美人だ。

(4) Elles sont _____ _____ _____ _____ la classe.
彼女たちはクラスで一番上手な歌い手です。

(5) Qui fait _____ _____ la cuisine ?
誰が一番料理が上手ですか？

(6) Le Musée du Louvre est l'un des musées _____ _____ _____ _____ monde.
ルーブル美術館は世界で最も有名な美術館の一つです。(有名な célèbre)

(7) Ma voiture est blanche. _____ de Denis est bleue.
私の車は白です。ドゥニのそれ（車）は青いです。

(8) Prenez ce vin. Il est meilleur que _____ -là.
このワインにを下さい。こちらのは、あちらのよりも美味しいそれ（ワイン）です。

(9) J'ai deux robes. Vous aimez _____ -ci ou _____ -là ?
ドレスが二着あります。あなたはこちら、またはあちらがお好みですか？

(10) Ce ne sont pas mes livres mais _____ de M. Dubois.
これは私の本ではなくデュボワさんのそれ（本）です。

解答-------------------------------------
【Exercice 18-1】(1) faux (2) faux (3) vrai (4) vrai
【Exercice 18-2】(1) plus de, que (2) autant de, que (3) la plus belle, de (4) les meilleures chanteuses, de (5) le mieux (6) les plus célèbres, du (7) Celle (8) celui (9) celle, celle (10) ceux

▶Exercice 18-3 【比較級/最上級】並べ替えて文を完成させましょう。

(1) アンヌは仲間と同じくらい上手に踊る。
aussi / bien / danse / que / Anne / camarades / ses

(2) 去年よりもずっと暑いです。
chaud / fait / il / que / dernière / beaucoup / l'année / plus

(3) 今年のあなたの最もすばらしい出来事はなんですか。
année / est / votre / meilleur / de / quel / événement / cette ?

(4) このチームの中で、どの選手が最も優秀ですか。
joueurs / les / sont / quels / de / équipe / l' / meilleurs ?

(5) この車はもう一つ (の車) より値段が高くない。
cette / voiture-là / voiture-ci / moins / chère / que / cette / est

(6) 誰が一番速く走りますか。 plus / court / le / qui / vite ?

(7) ステファンはジャンと同じくらい頻繁に劇場に行く。
souvent / Stéphan / au / aussi / va / que / théâtre / Jean

(8) 最も速い交通機関はどれですか？
plus / de / est / rapide / quel / le / moyen / transport / le

(9) 毎週日曜日の朝、私の父はいつもより早く起きる。
se / lève / mon / plus / tôt / d'habitude / père / que / le dimanche matin

(10) 今年のあなたの成績は去年の成績よりよい。
meilleures / notes / sont / celles / vos / que / de l'année dernière / de cette année

解答--
【Exercice 18-3】 (1) Anne danse aussi bien que ses camarades. (2) Il fait beaucoup plus chaud que l'année dernière. (3) Quel est votre meilleur événement de cette année ? (4) Quels sont les meilleurs joueurs de l'équipe ? (5) Cette voiture-ci est moins chère que cette voiture-là. (6) Qui court le plus vite ? (7) Stéphan va au théâtre aussi souvent que Jean. (8) Quel est le moyen de transport le plus rapide ? (9) Le dimanche matin, mon père se lève plus tôt que d'habitude. (10) Vos notes de cette année sont meilleures que celles de l'année dernière.

単語力アップ！ ▶ les couleurs　色の語彙

色の語彙は、赤、青、白などを「～色」と名詞として使う場合は男性形単数を用います。
色を形容詞として使う場合は、修飾する名詞の性数に応じて変化させます。

赤(色の)	青(色の)	黄(色の)	緑(色の)	黒(色の)
rouge(不変)	bleu(e)	jaune(不変)	vert(e)	noir(e)
白(色の)	ピンク(色の)	紫(色の)	オレンジ(色の)	茶色(の)
blanc/blanche	rose(不変)	violet(te)	orange(不変)	marron(不変)
褐色の	灰色(の)		濃い	明るい
brun(e)	gris(e)		foncé(e)	clair(e)

Ma couleur préférée est **le rose**.　　Ces fleurs **violettes** sont très belles.
私の好きな色はピンク色です。　　　　これらの紫色の花はとても美しいです。

ミニ会話 ⑫　La vie sans argent liquide　❀キャッシュレスの生活　♪2-15

Haruka　　J'ai besoin d'argent. Mais le distributeur ne marche pas.

Thomas　　Vous pouvez payer par carte. Vous n'êtes pas obligée de payer en espèces.

Haruka　　Ah ! Je ne me suis pas encore habituée à la vie sans argent liquide. En France, tout le monde paye par carte.

Thomas　　Pour la sécurité, c'est mieux. Et c'est plus facile.

distributeur (f)	販売機（この場合は ATM）	argent(f) liquide	現金
être obligé de	～する義務がある 否定形は～しなくともよい、の意	sécurité(f)	安全
s'habituer à	～に慣れる	facile	簡単な
sans	～なしに		

ハルカ　私はお金が必要です。でも ATM が作動しません。
トマ　　カードで支払うことができますよ。現金で払わなくともよいのですよ。
ハルカ　ああ！私はまだ現金のない生活に慣れていません。フランスでは皆カードで支払います。
トマ　　安全のためにはそのほうが良いです。そして、より簡単です。

19 複合過去
Tu es sortie le week-end dernier ?
君は先週末外出したの？

♪2-16

Richard	**Tu es sortie** le week-end dernier ?
Suzanne	Oui, **je suis allée** à Strasbourg avec mon mari.
Richard	C'est super ! Qu'est-ce que **vous avez visité** ?
Suzanne	**Nous avons visité** la cathédrale de Strasbourg. Elle est magnifique. **J'ai pris** beaucoup de photos.
Richard	**Vous avez goûté** des spécialités régionales ?
Suzanne	**On a mangé** de la choucroute, bien sûr. **Mon mari a bu** beaucoup de vin blanc. Et toi ? **Qu'est-ce que tu as fait** le week-end dernier ?
Richard	Moi, **je n'ai rien fait** de spécial. **Je suis resté** à la maison et **j'ai regardé** des films.

sorti(e)	sortir の過去分詞	spécialité (f)	名物料理、名産
allé(e)	aller の過去分詞	régionale(s)(-aux)	地方の
visité	visiter の過去分詞	choucroute (f)	シュークルート
pris(e)	prendre の過去分詞	bu	boire の過去分詞
goûté(e)	goûter の過去分詞	fait	faire の過去分詞

シュークルート：発酵キャベツ、ソーセージ、ベーコンなどで煮込むアルザス地方の料理

リシャール	君は先週末外出したの？
スザンヌ	私は夫とストラスブールに行ったの。
リシャール	それはいいね！ 何を見物したの？
スザンヌ	私たちはストラスブール大聖堂を訪れたわ。素晴らしいの。私は沢山写真を撮ったのよ。
リシャール	君たちは地方の名物料理を食べた？
スザンヌ	私たちはシュークルートを食べたわ、もちろん。夫はたくさん白ワインを飲んだの。君は？ 週末は何をしたの？
リシャール	僕は特別なことは何もしなかったな。家にいて、映画を見たよ。

【複合とは】　❋ 2人で一緒に頑張るタイプだね

　複合過去は過去を表す時制の一つです。「〜した」「もう〜している」「〜したことがある」といった、過去のある時点で終了・完了した行為・事柄を表します。

　複合過去の名称「passé composé」の composé (=複合) とは、「助動詞（avoir または être）」と、「過去分詞」という2つの要素で構成された、という意味です。

写真はイメージです

【複合過去の作り方】　❋ 複合だから「複数」が「合わさる」のですよ

複合過去には
- 助動詞に avoir を用いる動詞：avoir 動詞+過去分詞
- 助動詞に être を用いる動詞：être 動詞+過去分詞　の、2種類のパターンがあります。

parler (avoir + 過去分詞)	
j'ai parlé	nous avons parlé
tu as parlé	vous avez parlé
il a parlé	ils ont parlé
elle a parlé	elles ont parlé

aller (être + 過去分詞) こちらは性数一致が発生	
je suis allé(e)	nous sommes allé(e)s
tu es allé(e)	vous êtes allé(e)(s)
il est allé	ils sont allés
elle est allée	elles sont allées

　ほとんどの動詞は助動詞として avoir を用います。しかし、移動や生成を表す一部の動詞は助動詞として être を用います。助動詞に être を取る動詞は、主に移動にまつわる意味を持つ動詞になります。

aller 行く	venir 来る	partir 出発する	arriver 到着する	sortir 出る	monter 登る
descendre 降りる	naître 生まれる	mourir 死ぬ	devenir 成る	rester 留まる	tomber 落ちる

覚え方は
往・来・発・着・生・死・成・残 ！

封印の呪文か？

複合過去では、過去分詞の性数一致に気を付けなければなりません。主語と過去分詞の性数一致が生じる場合は下記の通りです。

【① être 動詞 + 過去分詞　の場合】
常に過去分詞が主語の性数と一致します。

Elle va à Paris.　→　Elle **est** all**ée** à Paris.
彼女はパリへ行きます。　　彼女はパリへ行きました。

Nous arrivons à la gare.　→　Nous **sommes** arrivé(e)**s** à la gare.
私たちは駅に到着します。　　私たちは駅に到着しました。
　　　　　　　　　　　　　　※ Nous が男女であればsのみ

Nous arrivons à la gare.　→　Nous **sommes** arriv**ées** à la gare.
私たちは駅に到着します。　　私たちは駅に到着しました。
　　　　　　　　　　　　　　※ Nous が全員女性であれば e と s

【② avoir + 過去分詞　の場合】
avoir を用いる場合、基本的には過去分詞の性数一致は発生しません。ただし、例外的に、直接目的語代名詞（〜を）me, te, le, la, nous, vous, les を用いるとき、その代名詞の過去分詞は性数一致しなければなりません。

Ces fraises sont bonnes.
このイチゴ はとてもおいしい。
Je **les** ai achet**ées** au marché.
私はそれを市場で買いました。

直接目的語の les (= les fraises)は
女性名詞複数。
よって acheté に -e, -s がつき性数一致する。

Vous **nous** avez invité(e)s.
あなたは私たちを招待しました。

直接目的語の nous が動詞 inviter の前にあるので性数一致する。
※ nous が女性だけの場合には e がつきます。

注意：中性代名詞の en が動詞の前に来ても、過去分詞は一致しません。

Des fraises ?
J'**en** ai acheté（不変） au marché.

イチゴ？ 私はそれらを市場で買いました。
des fraises は女性名詞複数ですが、「en」で受けているため acheté に変化は生じません。

【代名動詞の複合過去】　❋ どこに être が入り込むか？ 要注意ですね。

代名動詞はすべて助動詞に être が用いられます。再帰代名詞と過去分詞の間に être の活用形が入ります。

se coucher	
je **me suis couché(e)**	nous **nous sommes couchés**
tu * **t'es couché(e)**	vous **vous êtes couché(e) (s)**
il * **s'est couché**	ils * **se sont couchés**
elle * **s'est couchée**	elles * **se sont couchées**

*再帰代名詞 te, se は エリズィヨンします。

代名動詞の複合過去形は、<u>再帰代名詞が直接目的語として機能している場合</u>、原則として過去分詞は主語の性数に一致します。

Je **me** suis **levée** à six heures.
私（女性）は6時に起きました。

直訳すると
私は 私自身（女性単数）を=me 起こした。
よって目的語が女性 ➡「levé + e」となる

Ils **se** sont **promenés** hier.
昨日、彼らは散歩をしました。

直訳すると
彼らは 彼ら自身（男性複数）を=se 散歩させた
よって目的語が複数 ➡「promené + s」となる

【性数一致しない場合】

動詞の後に<u>再帰代名詞以外に目的語となる名詞がある場合、または目的語の意味が含まれる場合</u>は性数一致が発生しません。

Elle s'est **lavée**.
彼女は彼女自身(の体)を洗いました。

laver「～を洗う」は se が直接目的語 「彼女自身を」となります。そのため性数一致します。

ですが

Elle s'est **lavé les mains**.
彼女は(彼女自身で)手を洗いました。

se laver の直接目的語は les mains「手を」であり、se は間接目的語「彼女自身で」の意味になります。
ゆえに過去分詞との一致はありません。

Ils **se** sont **téléphoné**.
彼らは互いに電話し合いました。
→ se = **l'une à l'autre** 互いに

téléphoner à ~ は「互いに」の意味で、se は間接目的語となります。
ゆえに過去分詞との一致はありません。

【複合過去の疑問形】 ✲ avoir 型、être 型、どちらも共通

複合過去の疑問形は次のような語順になります。

① イントネーションを上げる

Vous avez regardé ce film ? ↗

Vous êtes allé(e) en France ? ↗

Vous vous êtes levé(e) tôt ? ↗

② 文頭に est-ce que をつける

Est-ce que vous avez regardé ce film ?

Est-ce que vous êtes allé(e) en France ?

Est-ce que vous vous êtes levé(e) tôt ?

③ 倒置する

Avez-vous regardé ce film ?

Êtes-vous allé(e) en France ?

*__Vous êtes-vous__ levé(e) tôt ?

（どちらの vous が主語の vous か混乱しないように！）

*代名動詞の倒置疑問文の複合過去では、主語と助動詞を倒置し（過去分詞はそのまま）、助動詞（être）の前に再帰代名詞を置きます。

Vous vous êtes bien amusés ? → **Vous êtes - vous** bien amusés ?

Elle s'est mariée avec Louis ? → **S'est - elle** mariée avec Louis ?

【複合過去の否定形】 ✲ どこからどこまでを「ne-pas」で挟むか問題、が発生！

複合過去の否定形は次のような語順になります。

- 助動詞 avoir・être を ne-pas で挟みます。

Tu as étudié le français. → Tu **n'** as **pas** étudié le français.

Elle est allée en France. → Elle **n'** est **pas** allée en France.

- 代名動詞は être と再帰代名詞を一緒に ne-pas で挟みます。

Je me suis lavé les mains. → Je **ne** me suis **pas** lavé les mains.

【過去分詞の作り方】 ※一番肝心なところ！動詞ごとに過去分詞の形が変わります！

過去分詞は動詞ごとに個別に覚える必要があります。ですが、ある程度グループ化することができます。動詞原形が過去分詞化されるときの末尾の変化に注目しつつ、整理してみましょう。

【過去分詞形の語尾が é になる動詞】

▶ er 動詞, aller】 er 動詞と aller では、語末のrを取りのぞき、e が é にする

- regarder → regard**é**　　● travailler → travaill**é**　　● aller → all**é**

【過去分詞形の語尾が i, is, it になる動詞】

▶ ir 動詞の過去分詞】 r が取れる　　注意！ venir 型動詞 -oir 型動詞を除く

- choisir → chois**i**　　● finir → fin**i**　　● réussir → réuss**i**

▶ re で終わる動詞の一部】 re の部分がtになる

- dire → di**t**　　● faire → fai**t**　　● écrire → écri**t**

【過去分詞形の語尾が -u になる動詞】

▶ dre で終わる動詞】 注意！ prendre 型動詞を除く

- attendre → atten**du**　　● fondre → fon**du**　　● descendre → descen**du**

▶ re で終わる動詞の一部】 注意！ mettre 型動詞を除く

- connaître → con**nu**　　● boire → b**u**　　● lire → l**u**

【特定の動詞を含む場合の過去分詞】

▶ prendre 型】 常に− pris になる

- prendre → **pris**　　● apprendre → ap**pris**　　● comprendre → com**pris**

▶ venir 型】 常に − venu になる

- venir → **venu**　　● devenir → de**venu**　　● revenir → re**venu**

▶ mettre 型】 常に−mis になる

- mettre → **mis**　　● permettre → per**mis**　　● admettre → ad**mis**

▶ oir 型】 oir の部分が −u になる

- voir → **vu**　　● pouvoir → **pu**　　● devoir → **dû**
- vouloir → vou**lu**　　● savoir → **su**　　● falloir → fal**lu**

▶ ouvrir 型】ouvrir は現在形でも er 動詞と同じ活用となる

- ouvrir → **ouvert**　　- découvrir → dé**couvert**　　- couvrir → **couvert**

▶ avoir, être】どの変化にも属さないの

- avoir → **eu [y]**　　- être → **été**

【複合過去の用法】 ❋ 完全に終わってしまった、ああ、終わってしまって今に至る、的なこと

用法には【① 過去】【② 現在完了】があり、下記のように用いられます。

【① 過去】【現在とは切り離された 過去の一時点の、既に完了した動作・事柄を表す場合】

J'**ai étudié** l'anglais hier soir.
昨日の夜、私は英語を勉強しました。

Elles **sont allées** au parc hier.
彼女たちは昨日公園に行きました。

Il **a visité** le Musée du Louvre avant-hier.
彼は一昨日美術館を訪れました。

【② 現在完了・経験】【過去に完了した行為が現在と繋がりがある場合】

Vous avez soif ?
喉が渇いていますか？

-Non, j'ai **déjà bu** de l'eau.
-いいえ、**既に水を飲みました**。
（だから今は喉が渇いてない）

Tu es **déjà allé(e)** en France ?
君はフランスに**行ったことがあるの**？

Non, je n'y suis **jamais allé(e)**.
いえ、**一度も行ったことがありません**。
(今後行く予定は特にない)

Non, je n'y suis **pas encore allé(e)**.
いえ、**未だに行ったことがありません**。
(行く予定、行きたい願望がある)

Elle **est partie** depuis lundi.
彼女は月曜日から出かけています。

(出かけた、という過去の状態が現在も続く)

単語力アップ！　▶ 複合過去とともに用いられやすい 過去を表す語彙　▶

hier	昨日	la semaine dernière	先週
avant-hier	一昨日	le mois dernier	先月
Il y a + 時間の名詞	（今から）〜前に	dans le passé	以前、昔

▶Exercice 19-1【vrai ou faux】 会話の内容と同じ場合は vrai、違う場合は faux で答えましょう。

(1) Suzanne est allée à Strasbourg avec ses parents.

(2) Suzanne a visité la cathédrale.

(3) Suzanne a mangé du fromage fondu.

(4) Richard est resté chez lui le week-end dernier.

vrai	faux

▶Exercice 19-2 【過去分詞】 下線部に適切な複合過去形の活用を記入しましょう。

例 J'ai travaillé

(1) Tu ___
(2) Il ___
(3) Elle ___ travailler au bureau.
(4) Nous ___
(5) Vous ___
(6) Ils ___
(7) Elles ___

例 Je suis rentré(e)

(8) Tu ___
(9) Il ___
(10) Elle ___
(11) Nous ___ renter chez moi.
(12) Vous ___
(13) Ils ___
(14) Elles ___

▶Exercice 19-3 【過去分詞】 以下の動詞の過去分詞を記入しましょう。

(1) marcher ___
(2) habiter ___
(3) mettre ___
(4) dire ___
(5) devoir ___
(6) pouvoir ___
(7) ouvrir ___
(8) avoir ___
(9) descendre ___
(10) être ___
(11) voir ___
(12) venir ___
(13) lire ___
(14) être ___
(15) écrire ___

解答---

【Exercice 19-1】 (1) faux (2) vrai (3) faux (4) vrai

【Exercice 19-2】 (1) as travaillé (2) a travaillé (3) a travaillé (4) avons travaillé (5) avez travaillé (6) ont travaillé (7) ont travaillé (8) es rentré(e) (9) est rentré (10) est rentrée (11) sommes rentré(e)s (12) êtes rentré(e)(s) (13) sont rentrés (14) sont rentrées

【Exercice 19-3】 (1) marché (2) habité (3) mis (4) dit (5) dû (6) pu (7) ouvert (8) eu (9) descendu (10) été (11) vu (12) venu (13) lu (14) été (15) écrit

▶**Exercice 19-4** 【複合過去】 直説法現在の文を直説法複合過去にしましょう。

(1) Qu'est-ce que vous faites cet après-midi ?

(2) On reste à la maison toute la journée.

(3) Choisis-tu un cadeau de Noël pour ta femme.

(4) Virginie descend à la station de Palais-Royal.

(5) Nous *(f, pl)* ne montons pas au sommet de l'Arc de Triomphe.

(6) Est-ce que vous invitez Catherine et Sophie ?

(7) Sylvie sort du bureau à 21 h.

(8) Je *(f)* prends mon petit déjeuner à 7h, après je m'habille.

(9) Les touristes étrangers ne se reposent pas à l'hôtel.

(10) Il se promène dans le parc avec son chien.

解答--

【Exercice 19-4】 (1) Qu'est-ce que vous avez fait cet après-midi ? (2) On est resté(e)s à la maison toute la journée. (3) As-tu choisi un cadeau de Noël pour ta femme ? (4) Virginie est descendue à la station de Palais-Royal. (5) Nous ne sommes pas montées au sommet de l'Arc de Triomphe. (6) Est-ce que vous avez invité Catherine et Sophie ? (7) Sylvie est sortie du bureau à 21 h. (8) J'ai pris mon petit déjeuner à 7 h, après je *(f)* me suis habillée. (9) Les touristes étrangers ne se sont pas reposés à l'hôtel. (10) Il s'est promené dans le parc avec son chien.

【余談】　ミニ・エッセイ "和製仏語・フランポネ"

　フランス語をカタカナ表記にして用いている言葉は数多くありますが、その中には過去分詞が用いられている言葉もあります。例えば

- **レジュメ le résumé**：résumer（要約する）の過去分詞から生じた名詞。
- **デコルテ le décolleté**：décolleter（胸、肩を露出する）の過去分詞から生じた名詞。
- **チーズフォンデュ cheese fondue**：フォンデュは fondre（溶ける）の過去分詞「溶けた」の意。フランス語では fromage が男性名詞なので fondu に e はつかず「fromage fondu」。
- **パン・ペルデュ le pain perdu**：ペルデュ は perdre（失う）の過去分詞で「失われた」の意。形が失われたパン、パン・ペルデュ はフレンチトースト。
- **デジャヴ le déjà-vu**：ヴは vu は voir（見る）の過去分詞。Déjà は「既に」で「既視（感）」の意。

　これを見ると、er 動詞は e にアクサンテギュをつけて é、dre で終わる動詞は du、voir は vu、とそれぞれ過去分詞の規則に準じた変化をしていることが分かります。
　また、フランス語の本来の意味から転じてしまった単語もあります。例えば

- **ソムリエ sommelier(ère)**：ワインのスペシャリストのことですね。しかしながら日本では「温泉ソムリエ」とか「文房具ソムリエ」など「その分野に詳しい人」という意味で使われているのを耳にします。

　すっかり市民権を得ているようですが、ついには、本当のソムリエのことが「ワインソムリエ」と呼ばれているのを聞いたときには、少々驚きました。そういえば「温泉ソムリエ」、ヨーロッパでの歴史では温泉は飲む治療水だったため「温泉の源泉を飲むプロ」と勘違いした知り合いのフランス人がいましたし、子供のころ歴史番組で「温泉を飲む」ヨーロッパの歴史上の習慣を知った私は、伊豆で温泉の湯を飲もうとして怒られました（飲んではいけません）。

- **ランデヴー rendez-vous**：昭和のムード歌謡曲に出てきそうな「ランデヴー rendez-vous」。男女の逢瀬の意味で使われますが、フランス語では「人と会う待ち合わせ全般」にすぎません。

> - J'ai un rendez-vous avec mon médecin.
>   これはお医者さんと逢引♡♡ ではなくて、お医者さんの予約です。

さらには、音訳によるカタカナ表記の限界ゆえに、フランス語とは異なった発音になり、結果的に違うものを意味してしまっている言葉もあります。

- **ミルフィーユ　le millefeuille**： 薄い層に焼いたパイにカスタードクリームなどを挟んだ洋菓子。

直訳すると「千枚の(mille)葉（feuille）」。本来の発音に近いカタカナ表記をするなら「ミルフイユ」ですが、日本でそのように言うと逆に奇妙な印象を与えてしまいますね。ちなみにフィーユ（filles）の音は「女の子たち」を意味するため、「千人の（つまりたくさんの）女の子」になってしまいます。

- **ブッシュ・ド・ノエル　la bûche de Noël**：クリスマスの季節に作る伝統的な切り株型のケーキ。

本来の発音に近いカタカナ表記は「ビュッシュ・ド・ノエル」です。ブッシュ（bouche）は「口、唇」を意味する音なので「クリスマスの口」になってしまいます。

　日本語学習者いわく、日本語は外来語のカタカナが多くて苦労するとのこと。本来の発音からするとカタカナでは表しきれない音やアクセントが「元の単語の発音に近づけて作ったカタカナ表記」で音訳（音だけを表記して翻訳すること）されるため、元の単語とは違うものに聞こえてしまうのです。

　チーズフォンデュ、ミルフィーユなど、フランス固有の名詞、外来物を表す名詞のある程度は音訳してもよいのでしょうが、レジュメ＝要約、デコルテ＝鎖骨周り、デジャヴ＝既視感、あたりは日本語に元々ある単語で十分であり、わざわざカタカナにせずとも良いのかもしれません。

　日本語で意味が伝わるものまでわざわざカタカナを使うことを「日本語の破壊」と捉えて、分かりやすい日本語に言い換える努力をし続けるか、はたまた、言語は時代に合わせて変化する「あくまで変動的なもの」とみなし、こうした変化に適応していくべきと捉えるか？おそらく両方が大切であり、難しいところだと思いますが、その２つが両輪となって、多様な言葉が行き交う活力ある社会になってほしい、と思う今日この頃です。

20 単純未来
Qu'est-ce que tu feras au Canada ?
君はカナダで何をするの？

♪2-17

Pierre　　Tu pars en vacances ?

Lucile　　Oui, je **passerai** mes vacances avec ma famille dans le Midi.

Pierre　　Mais après, qu'est-ce que tu **feras** ?

Lucile　　Après, j'**irai** au Canada.

Pierre　　Ah bon ? Qu'est-ce que tu **feras** au Canada ?

Lucile　　J'**étudierai** le marketing du tourisme parce que ça m'intéresse. Après mes études, je **monterai** une société d'écotourisme.

Pierre　　C'est génial !

Lucile　　Merci, mais ce **sera** un grand défi. Je **devrai** trouver des financements, obtenir le visa, j'**aurai** pas mal de choses à faire.

Pierre　　Aie confiance en toi, je suis certain que tu **réussiras**. Tu m'**écriras** quand tu **seras** là-bas.

Lucile　　Bien sûr !

comptes (compter+ inf)	～するつもりだ	sera（être 単純未来形）	(il,elle の活用)
passerai (passer 単純未来形)	(je の活用)	défi (m)	挑戦
irai (aller 単純未来形)	(je の活用)	financement (m)	資金調達、融資
feras (faire 単純未来形)	(tu の活用)	obtenir	～を獲得する
étudierai (étudier 単純未来形)	(je の活用)	aurai (avoir 単純未来形)	(je の活用)
monterai (monter 単純未来形)	(je の活用)	avoir confiance en+人	～を信頼する
société (f)	会社、社会	écriras (écrire 単純未来形)	(tu の活用)
être certain que	～を確信している	seras (être 単純未来形)	(tu の活用)
réussi (réussir 単純未来形)	(tu の活用)		

ピエール	休暇に行くの？	
リュシー	ええ、私は家族と一緒に南仏でヴァカンスを過ごすの。	
ピエール	でもそのあと、何をするつもり？	
リュシー	その後、カナダに行く予定だわ。	
ピエール	ああ、そうなの？カナダでは何をするの？	
リュシー	観光マーケティングの勉強をするの。卒業後エコツーリズムの会社を立ち上げるつもり。	
ピエール	すごいね！	
リュシー	ありがとう。でも大きな挑戦になるでしょうね。資金調達先も見つけなければならないだろうし、ビザも取得しなければならないだろうし。やるべきことがたくさんあるでしょう。	
ピエール	自信を持って、きっと成功するよ。あっちに行ったら僕にメールを書いてね。	
リュシー	もちろんよ。	

【単純未来とは】 ❋ 単純な未来？複雑な未来もあるの？（いや複雑な未来は特にないよ）

単純未来は「〜するだろう」と未来に起こりえること、予測などを表します。leçon8 の近接未来（aller+不定詞〜するつもりだ）より、確実性や意図性が少ないニュアンスになります。

Ce soir, je **vais** téléphoner à ma mère.
今晩、私は母に電話する**つもりです**。　　← 近接未来

Ce soir, je téléphone**rai** à ma mère.
今晩、私は母に（おそらく）電話する**でしょう**。　　← 単純未来

【単純未来形の活用】 ❋ 語幹が不規則で多様です。しっかり覚えましょう！

語幹	**er, ir 動詞は不定詞から r を取ったもの** （ただし特殊な語幹をもつ動詞もあるので注意）
語尾	**r + avoir の活用　すべての動詞に共通** （ただし avons, avez は av - を除く）

単純未来形の語尾			
je	-rai	nous	-rons
tu	-ras	vous	-rez
il	-ra	ils	-ront
elle	-ra	elles	-ront

単純未来の語尾の覚え方
「ヘハハハホヘホン」

口の中に熱いものを入れてハフハフさせた状態で「でがわの絵本」というと…

まあ、なんということでしょう！
単純未来の語尾の音になるではありませんか！

passer → 語幹 passe	
je passe**rai**	nous passe**rons**
tu passe**ras**	vous passe**rez**
il passe**ra**	ils passe**ront**
elle passe**ra**	elles passe**ront**

finir → 語幹 fini	
je fini**rai**	nous fini**rons**
tu fini**ras**	vous fini**rez**
il fini**ra**	ils fini**ront**
elle fini**ra**	elles fini**ront**

一部の動詞の語幹は不規則で個別の形を取ります。それぞれ覚えましょう。

aller	J'**i**rai	avoir	J'**au**rai
devoir	Je **dev**rai	envoyer	J'**enver**rai
être	Je **se**rai	falloir	Il **faud**ra
faire	Je **fe**rai	pleuvoir	Il **pleuv**ra
pouvoir	Je **pour**rai	prendre	Je **prend**rai
recevoir	Je **recev**rai	savoir	Je **sau**rai
venir	Je **viend**rai	voir	Je **ver**rai
vouloir	Je **voud**rai		

【単純未来形の用法】　✼ 実現の可能性が不確かな未来の一時点

【未来に起こりえる行為、状態、予定などを表す場合】

　Il **viendra** au Japon cet hiver.　　J'**irai** en France cet été.
　彼はこの冬に日本に来るでしょう。　　私はこの夏フランスに行くでしょう。

【実現可能な仮定を表す場合】：si + 直説法現在＋単純未来　もし〜なら、〜だろう

　Si j'ai de l'argent, j'**irai** en France.　　On **se promènera** s'il fait beau.
　もし私にお金があれば、フランスに行くでしょう。　　もし晴れれば、散歩をしましょう。

【命令形の緩和】2人称で用いるときに限られる

　Vous m'**appellerez** avant votre départ.　　Tu nous **diras** la vérité.
　出発前に私にお電話をくださいね。　　私たちに本当のことを言ってね。

【単純未来と近接未来 (leçon8) の違い】

leçon8 で学習した「近接未来」も「単純未来」も、どちらも「未来」です。この2つにはどのような違いがあるのでしょうか？

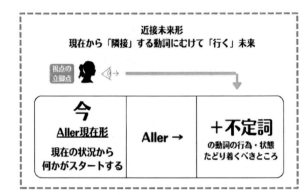

近接未来形は現在から延長し直結した未来を表します。「現在は○○だ→その結果、未来は□□だろう。」という未来の捉え方です。
そのため、近接未来は、現在時点から始まることを前提とする時間副詞と相性がよいです。

- maintenant 今　- à présent 現在
- tout de suite すぐに　　　　　など

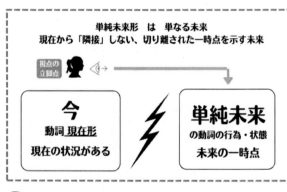

単純未来は現在時点との連続性がなく断絶した「とある時間上の未来」を表します。「現在とは関係なく、未来は○○だろう」という捉え方です。
そのため、単純未来形は 不特定な未来の一時点や状態を表す副詞と相性がよいです。

- un jour　　　　　　　いつの日か
- un de ces jours　　近いうちに　など

 近接未来は近接「移行」未来
（「移行・いこう」aller（行く）なだけに）

 単純未来は「単なる」未来
（「単純」simple なだけに）

例：天気予報で

Il fait 14° ce matin. Il pleuvra ce soir.
朝の気温 14 度です。今夜は雨が降るでしょう。

現在の気温と雨は関係ない
未来の一時点の予報

Le ciel se charge de nuages. Il va pleuvoir.
空が雲におおわれてきている。雨がふりそうだ。

現状の空模様をもとに推測した予報

 注意！それぞれニュアンスが変わるよ

例：友人が、あなたに、よかれと思って本をくれた時

Merci. Ça va beaucoup me servir.
それは私の役に立つでしょう。

今からすぐに役に立つ、というニュアンス

Merci. Ça me servira beaucoup.
それは私の役に立つでしょう。

すぐには役には立たないが、後々役に立つかもしれない、というニュアンス

▶**Exercice 20-1【vrai ou faux】** 会話の内容と同じ場合は vrai、違う場合は faux で答えましょう。

(1) Lucile ira au Canada sans passer ses vacances.
(2) Lucile fera ses études de marketing du tourisme.
(3) Lucie a déjà monté une société d'écotourisme.
(4) Pierre croit que Lucile réussira.

	vrai	faux
(1)		
(2)		
(3)		
(4)		

▶**Exercice 20-2 【単純未来形】** 下線部に適切な単純未来形の活用を記入しましょう。

(1) J' _____
(2) Tu _____
(3) Il _____
(4) Elle _____   arriver au bureau.
(5) Nous _____
(6) Vous _____
(7) Ils _____
(8) Elles _____

(9) Je _____
(10) Tu _____
(11) Il _____
(12) Elle _____   parler à ma mère
(13) Nous _____
(14) Vous _____
(15) Ils _____
(16) Elles _____

▶**Exercice 20-3 【単純未来形】** 記載された主語に合わせて適切な活用を記入しましょう。

(1) marcher vous _____
(2) habiter nous _____
(3) mettre   il _____
(4) dire   on _____
(5) devoir   tu _____
(6) pouvoir je _____
(7) ouvrir   j' _____
(8) avoir   vous _____
(9) faire   tu _____
(10) être   vous _____
(11) voir   on _____
(12) venir   elles _____
(13) lire   elle _____
(14) recevoir ils _____

解答--
【Exercice 20-1】(1) faux (2) vrai (3) faux (4) vrai
【Exercice 20-1】(1) j'arriverai (2) arriveras (3) arrivera (4) arrivera (5) arriverons (6) arriverez (7) arriveront (8) arriveront (9) parlerai (10) parleras (11) parlera (12) parlera (13) parlerons (14) parlerez (15) parleront (16) parleront
【Exercice 20-3】(1) vous marcherez (2) nous habiterons (3) il mettra (4) on dira (5) tu devras (6) je pourrai (7) j'ouvrirai (8) vous aurez (9) tu feras (10) vous serez (11) on verra (12) elles viendront (13) elle lira (14) ils recevront

▶**Exercice 20-4** 【単純未来】 括弧の中の動詞を適切な単純未来形にしましょう。

(1) Quand est-ce que Denis _____ au Japon avec sa femme ? (venir)

- (2) Ils _____ de Charles de Gaulle dimanche prochain. (partir)

- (3) Ils _____ à Tokyo lundi soir. (arriver)

- (4) J'_____ les chercher à l'aéroport en train. (aller)

- (5) Nous _____ le métro pour faire du tourisme à Tokyo. (prendre)

- (6) Vous _____ (avoir) besoin d'un parapluie parce qu'il _____(pleuvoir)

- (7) Oui, il me _____ un parapluie. (falloir)

(8) On _____ la vérité bientôt. (savoir)   On _____. (voir)

(9) Désolée, je ne _____ pas là. (être) Je _____ sortir. (devoir)

(10) Madame, ça _____ tout ? (être) – Oui, c'est tout.

▶**Exercice 20-5** 【単純未来】 次の命令文を、緩和命令を意味する単純未来の文に書きかえましょう。

(1) Soyez calme.   _____

(2) Téléphone-moi.   _____

(3) Parlez plus fort.   _____

(4) Invite-moi à dîner.   _____

(5) Ne partez pas si tôt.   _____

(6) Ayez du courage.   _____

解答--
【Exercice 20-4】(1) viendra (2) partiront (3) arriveront (4) irai (5) prendrons (6) aurez pleuvra
(7) faudra (8) saura verra (9) serai devrai (10) sera
【Exercice 20-5】(1) Vous serez calme. (2) Tu me téléphoneras. (3) Vous parlerez plus fort.
(4) Tu m'inviteras à dîner. (5) Vous ne partirez pas si tôt. (6) Vous aurez du courage.

単語力アップ！ ▶未来の時制とともに地用いられやすい 未来を表す語彙

demain	明日	la semaine prochaine	来週
après-demain	明後日	le mois prochain	来月
dans trois jours dans +時間を表す名詞 〜後に（現在以降を起点）	今から3日後	un jour	いつの日か
		dans l'avenir / au futur	未来に

ミニ会話 ⑬　Réservation dans un restaurant　❋レストランでの予約　♪2-18

Monique	Bonjour. Vous êtes combien ?
M.Omura	Bonjour. Ce n'est pas pour déjeuner. Je voudrais réserver une table pour ce soir.
Monique	Oui, vous serez combien ?
M.Omura	Deux personnes à 19 heures.
Monique	Alors, une table pour deux personnes à 19 heures. C'est à quel nom ?
M.Omura	Omura. O-M-U-R-A. Est-ce que nous pouvons dîner en terrasse ?
Monique	Bien sûr. « En terrasse », c'est noté, monsieur.
M.Omura	Merci beaucoup. À ce soir.
Monique	À ce soir monsieur.

モニク　こんにちは。何名様ですか？
大村氏　こんにちは、ランチではありません。今夜のテーブルを予約したいのですが。
モニク　何名様になりますでしょうか？
大村氏　2名、19時で。
モニク　ええと、19時に2名様の席を1つですね。ご予約のお名前は？
大村氏　大村、O.M.U.R.Aです。テラスで夕食を取ることはできるでしょうか？
モニク　もちろんです。「テラスで」、書き留めました。
大村氏　ありがとうございます、では今夜。
モニク　はい、今夜。

音声ダウンロード・テキスト動画 ページのご案内

①下記 URL をコピー（自動リンクは貼られていません）または QR コードからアクセスして下さい。
https://frenchpalette-doc.wixsite.com/audio

②パスワード **frenchpalette1** を入力してページを開いてください。

※ モバイルサイトからアクセスすると「会員に登録しますか」の表示が出る場合がありますが、これはモバイルサイトの設定上自動的に出てしまう表示なので、申請ボタンを押さずにお進みください。なお、申請ボタンを押してしまったとしても、それによって自動的に登録されてしまうことはありません。

③音声リストのダウンロードボタン（スマートフォンは「無料」ボタン）から、パソコン、スマートフォン、タブレット、にダウンロードすることができます。

※ ダウンロードされた音声は MP3 形式となります。

※ iPod 等の MP3 携帯プレーヤーへのファイル転送方法、パソコン、ソフト、スマートフォンなど各種端末の操作方法については、メーカー等にお問合せいただくか、取扱説明書をご参照ください。

テキスト動画
下記 URL または QR コードからアクセスしてください。

Chapitre 1
https://www.youtube.com/playlist?list=PL8Fmc96uAZIJAOok9-q8gZK_3P97pUpAM

Chapitre 2
https://www.youtube.com/playlist?list=PL8Fmc96uAZIJLJ13QGHWYezWj9v1uaIXf

【著者】

中村(望月)美智子
（なかむら もちづき みちこ）
マンツーマンフランス語教室「フレンチ・パレット」代表
通訳・翻訳者
国家検定2級キャリアコンサルティング技能士

2002年、フランス・グルノーブル・ピエール・マンデス＝フランス大学（現グルノーブル・アルプ大学）人文学部美術史・考古学科卒業。

　帰国後はフランス企業、日系業にて通訳・翻訳業務、日仏文化交流プログラムの企画・推進等に従事。
　2014年、フランス語通訳・翻訳事務所・マンツーマンフランス語教室「フレンチ・パレット」を設立。個人授業と並行して、佐藤栄学園埼玉栄中学・高等学校第二外国語講師、コーチ・ユナイテッド語学派遣講師等を経て現在に至る。

　13歳から70歳まで、幅広い年齢層の受講者に対応し、会話、文法、読解など個々のニーズに合った内容の授業を行う。また、初心者向けの入門授業、帰国子女向けのフランス語での大学受験対策、芸術系大学院受験の外国語試験対策、フランス語検定対策、留学準備対策に定評がある。

教室ホームページ https://www.french-palette-urawa.com

QRコードからもアクセスできます。

※この作品における文章などすべての著作権は著者に属しています。
　本書のテキスト、画像、音声、動画の無断転載・複製を固く禁じます。

改訂版　余談多めにフランス語

2025年2月1日　初版発行

著　者　　中村　美智子

発行所　　株式会社　三恵社
〒462-0056 愛知県名古屋市北区中丸町2-24-1
TEL:052(915)5211
FAX:052(915)5019
URL:http://www.sankeisha.com

乱丁・落丁の場合はお取替えいたします。
ISBN978-4-8244-0016-1